僕が神様に愛されることを厭わなくなったワケ

保江邦夫

青林堂

はじめに

この本をとおして僕が皆さんにお伝えしたいのは、「日本及び日本人とはどのような国であり、民族なのか?」ということです。

かつては、「神国日本」といわれ、神に選ばれし国・民族といったニュアンスで語られた時代もありました。

この言葉は、ユダヤ民族などに見られる選民意識と同様に解釈される向きもありますが、ある意味では、「選ばれた民」という表現もまったく的外れなわけではないものの、しかし、より本質的には、「愛への生け贄《いにえ》を厭わない民」であると僕は思っています。

ここでいう愛とは、僕の専門である形而上学的素領域理論による「完全調和の世界」、すなわち「神様」といい換えても差し支えありません。

つまり、自らの運命を愛という名の神様に捧げられるのが日本人の本質なのです。

かくいう根拠については本文で明らかにしていきますが、本来、日本人というのは世界で類を見ない本当に他を思いやり、自己犠牲をしてでも英雄的な生き様を撰《えら》ぶ民族であり、みんなが他の人たちを助け、互いに争わず助け合って、どんな被害を受けても、どんな仕打ちを受けても、それを受け入れてきている民族だということです。

おそらく、読者のみなさんも、それはなんとなくわかっていらっしゃるでしょう。であるならば、今こそ日本人らしい生き方を自覚して、一人ひとりが愛の生け贄として生きる覚悟を持つことによって、日本全体の平和のみならず、世界の平和をもリードし、構築していけるのではないかと思います。

本書では、日本人が体現してきた愛の生け贄としての生き方とは実際にどのようなものなのか、またどうすればそのような生き方ができるのか、それを実際に僕自身に起きた出来事と照らし合わせながら明らかにしていきたいと思います。

令和元年12月吉日
保江　邦夫

僕が東京白金に引っ越してきたわけ
霊媒体質の女性に突如降りてきた隠遁者様
日本に「光の十字架」を打ち建てるという霊的使命を託される
霊的存在がこの世の人間に働きかけられる理由
「光の十字架」の正体の鍵を握っている安倍晴明とは？
自転車で交通事故に見舞われ生死の境から奇跡的に蘇った少年
陰陽師・安倍晴明が平成の世に現われて少年の命を救う‼
七夕が過ぎて再び安倍晴明が戻ってくることを願った母親
魑魅魍魎を射抜いて霧散させることができるような鋭い眼光
誰も知らない宿敵・芦屋道満とのその後
安倍晴明が平成が終わる時代に蘇った霊的意味とは？
「光の十字架」の正体について語り始めた安倍晴明少年
熱田神宮に行って草薙ノ剣を触らせてもらおうかと思いきや……
ほら穴に隠されていた草薙ノ剣を浄化したら光の矢が飛んできた
上五島の朽ちた教会跡からいただいてきた隠遁者様と関係の深い十字架

第1章

イエス・キリストの霊統を引き継がれた隠遁者様

エスタニスラウ神父の出生秘話

「はじめに」で日本人の本質は、「愛への生け贄を厭わない民」であると述べました。なぜそう断言できるか、その根拠について以下において詳しく述べていきますが、まずはある人物の奇跡的な物語をご紹介したいと思います。

その人物とは、エスタニスラウ・マリア・ヨパルト神父様です（以下、エスタニスラウ神父、または隠遁者様と記します）。エスタニスラウ神父様は、出身がスペインとフランスの国境あたりのスペイン領内にあるカタルーニャ地方です。もともと独立国家だったところをスペインに併合され、その後、独立運動が頻繁に起こり、現代もなお続いています。エスタニスラウ神父はそのカタルーニャで生まれ、父親は独立運動のカタルーニャ軍の司令官でした。

両親の住まいは軍の駐屯地から少し離れたところにあり、エスタニスラウ神父が生まれる前は父親だけが一年のうち大多数の時間をその駐屯地で暮らしていました。

さて、ここからは、エスタニスラウ神父の出生にまつわる逸話です。

とある日曜日、エスタニスラウ神父の父親（以下、司令官と記します）は駐屯地から出て、ミサに参加するために村の教会に向かっていました。肉屋の前を通りかかったとき、その肉屋だけは日曜日で他のお店は休業しているのに営業をしていました。

安息日で休まなければならないのに仕事をしているその肉屋の主人は、近所でも強欲な男として知られていました。司令官はその肉屋の前を通り過ぎた後、ふと気になって戻ってみたら、店の中でボロボロの服を着た貧しい女性と、肉屋の主人がいい争っている様子。

司令官は中に入って、二人のいい合いの様子を聞いていました。

「貧しい私には子どもが数人いて、みんなひもじい思いをしているので、捨てるお肉でいいからどうか分け与えてください」と懇願する女性。それに対して、肉屋の主人は、「捨てる肉はお前らにはやれない。お前らにやるくらいならもっと捨ててやる」と毒づいています。

そこで女性は、店の主人に対してこういいます。

「あなたは日曜日なのに教会にも行かずに、店を開いて商売をなさってお忙しそうだから、私が代わりに教会に行ってお祈りを捧げてきます。それに免じて、一番安い肉でよいので分けていただけないでしょうか」と。それでも、店の主人はたたみかけるようにいいます。

「そんなことといってもダメだ。お前が本当に教会に行くのか信用ならん！」と。

そんな二人のやりとりを後ろで聞いていた司令官は、たまらず口を挟みます。

「おい、肉屋の主人。この方がそこまでおっしゃってくださるんだから、せめてそれぐらい受け入れて、肉を少し分けて差し上げたらどうだ」と。すると店の主人は、「駐屯地の司令官様がそこまでおっしゃるんだったら、私も男だ。わかりました」といいながら、「ここにアンタが教会で祈りを捧げる文言を書いてくれ」と女性にメモ用紙を手渡します。

神様が知らしめた祈りの重さ

女性が喜んでその文言をメモに書いて渡したところ、店の主人は、「わかった。そしたらこの祈りに相応のお肉をクレてやろう」といって、天秤量りを出してきたかと思うと、片側の皿の上に最高級の一番高い肉のブロックをこれ見よがしにドンと置きました。

そして、反対側の皿には彼女が書いた祈りの言葉の紙切れをポンと置いて、「つり合った分だけクレてやる」と主人。その様子を見ていた司令官が、「なんだこの腹黒なヤツは！」と憤慨。それはどう見てもつり合うものでもなく、女性は肉を貰うことができないから……。

ところが、天秤を持ち上げたとたん、なぜか紙のほうが重たくて肉のほうが軽く、天秤が大きく紙のほうに傾いたのです。「エーッ？　いったいどういうことだ⁉」と店の主人と司令官は驚いたものの、その女性だけは全然驚いていない様子。

ふと我に返った司令官の、「オイ、肉屋。まだ紙のほうが重いぞ。もっと肉を載せて差し上げろ」という言葉に促された店の主人が、さらに肉を載せたところ、それでもまだ肉のほうが軽い。それを見た司令官が、「見たか肉屋。これが神に対する祈りの力だ。お前もこれでわかったらその肉をすべてこの女性に差し上げなさい」と促します。

ムスーッとしたまま閉口した主人。すると女性は、「いえいえ、そんな高級なお肉はいただけませんので」といいながら、捨ててあったくず肉を集めて「ありがとうございます」といって店を出ていきました。

司令官は、「見たかお前。日曜日も店を開いて教会に行かないお前に対して、神様の怒りがこんなにもすごいんだぞ」と告げて、女性の後に続いて店を出ます。ところが、司令官が後を追ったその女性は、店と教会の間にいるはずなのにどこにも姿が見えません。

これから教会で祈りをしてくれるはずなのに……と思ってすぐに追いかけたのに、どこにもいない。おかしいな⁉と思いながら、司令官がミサを終えて駐屯地に戻ったら、自分宛てに郷里の妻から手紙が届いていました。なんだろうと思って開けてみたら、その妻からの手紙には「無事に男の子が生まれました」と書かれていました。

そこで、司令官はハッと気づいたのです。

さっきの女性は、神様の使いの天使だったんだ！　神に対する祈りの力の重さを私に見せつけてくださったんだ、と。10kgの肉よりも祈りのほうが重いのだということを……。

そして、あの天使と、晴れて誕生したわが子は完全に神と繋がっている、祈りの大切さは神様からの教えに違いない、と思ってすぐに妻に返事を書きます。「ありがとう、おめでとう。しばらくは戻れないが、この子は神の子だ。神様に祝福された子だから、12歳になったらモンセラート修道院にいれよう」と。

以上がエスタニスラウ神父の誕生秘話です。さらに、教会関係の資料によると、エスタニスラウ神父は4歳半のときに聖母マリアに足の障害を癒され、5歳のときにも再びマリア様が現れて、ご自分とともにモンセラート修道院に入るようにと呼ばれたそうです。

つまり、エスタニスラウ神父は、出生当時から天使やマリア様と歩みを共にされてきたからこそ、ご自身の召命が修道者、宣教者であると自覚されたのです。

イエス・キリストが現れ「愛の生け贄」となってほしいと告げられる

さらに、12歳で病気を患った際には、イエス様が現れて人々の救いのために尽くすように告げられ、自身の病気が癒されます。そして、1928年8月5日にモンセラート志願者の学院に入会し、1933年には修練院に入って、修道名をエスタニスラウ・マリアと命名されます。

普通なら男の子にマリアという名は付けないのに、実際にマリア様が天使として現れて、貧しい女性になって神への祈りの重さを知らしめてくれた子どもとしてその名が付けられたのでしょう。

エスタニスラウ神父は病弱で、肺炎などで修道院の中でしょっちゅう高熱を出して、そのつど医者には見放されたのですが、最後には必ずイエス様が夢枕に立って助かるという経験をしています。

医者は、何度も高熱でうなされてイリュージョン（幻覚）を見たんだというのですが、1934年6月「御心の祭日」に、エスタニスラウ神父のもとに再びイエス・キリストが

隠遁修道士が住んでいたモンセラートと頂上付近の洞窟

現れて、自分を愛していない人の代わりに、「愛の生け贄」となってほしいと告げられます。

しかし、最初はその意味がわからなかったので、修道院長に「実は再びキリストが夢枕に立って、愛の生け贄になれとおっしゃったんですが、どういうことなんでしょうか？」と尋ねます。

そこで、修道院長はこう答えます。「それは、おしるしなんだ。普通に修道士として修道院の中で生活する修道士ではなく、隠遁修道士といって修道院を出て、のこぎり山（モンセラート）の上のほうにある洞窟でたった一人で暮らす隠遁修道士になれ、というおしるしだよ」と。

エスタニスラウ神父は、その言葉にしたがって隠遁修道士になることを決意。修道院を出て、裏山のほら穴に一人で籠もります。しかし、洞窟といってもきちんとした入口の扉があるわけではなく、ただの自然のほら穴なので、周囲に毒グモや毒へ

隠遁者様が差し伸べた手に小鳥が乗っている

ビがたくさんいる大変危険な場所。

それでも、エスタニスラウ神父は、そこでずっと隠遁者として荒行といわれる生傷の絶えない修行を続けられます。あるとき、隠遁者様がローマのバチカンに招かれている留守中に、信徒さんたちの中でほら穴の中はどうなっているんだろうと覗きに行った人が何人かいたそうです。

すると、入口に毒へビがとぐろを巻いてじっとしていたため、彼らは中に入れませんでした。でも、隠遁者様が帰ってきたら、そのへビがスーッといなくなったといいます。隠遁者様にとって毒グモや毒へビさえも友達だったのです。

その証拠として、後に隠遁者様が日本の五島列島にいらっしゃったときに、手を差し伸べたら野鳥がスーッと手に乗ってきたことがあり、それは写真にも残っています。ようするに、愛の人だから野生の動物たちさえも警戒することはなかったのです。

「世界中の人々から愛されている」と信じること

イエス様から愛の生け贄になれといわれて、ほら穴で隠遁生活することになった当初、修道院長が、修道院を出ていく前に隠遁者様に一言だけ教えてくれたことがありました。「これから洞窟で一人で暮らしていると、夜になったら魔物が現れていろいろ誘惑をしてくる。それに打ち勝つためには、魔物やヘビを愛したりしてはダメだ。自分はその魔物、毒へビ、毒グモ、あるいはまだ見ぬ世界中の人々からも、ひたすら愛されているんだと思うこと。嘘でもいいからそう信じなさい。それしか隠遁生活を守るものはないんだ」と。

ここに、隠遁者様の祈りの力のすごさが見て取れます。

世界中のすべての人々から愛されている、それを信じて実行したからこそ、ほら穴という危険で孤独な中、たった一人で荒行を続けることができたのです。もちろん、世界中の人が自分を愛しているわけはない。でも、そう信じる。そう信じきることが愛の生け贄となるという意味なのです。

隠遁者様は修道院長のその一言で救われて、長い隠遁生活をはじめられた。そしてその後、「霊的な師父」として外部からも求められ、第2バチカン公会議典礼委員会のメンバーに任命され、重要なカトリックの会合にも呼ばれるようになります。

その後もイエス様が度々降りてこられて、30歳を過ぎた頃、洞窟での荒行が終わったときに、隠遁者様は再びイエス様からこう告げられます。

「ハポンに行け。私もハポンに行った。行って、光の十字架を建てるべき地球のへそにあたる場所を探したんだ。だが、私は探し出すことができなかった。私は目的を果たせずにかの地（日本）で死んでしまった。自分にできなかった使命を、お前に託す。だからハポンに行け。

ただし、ハポンに行っても自分の使命は誰にもいうな。誰にもいってはならない。密かに探して、光の十字架を建ててくれ」と。

ハポンとは日本のこと。かくて昭和49（1974）年9月29日、スペイン人である隠遁者様は日本にやってきて、カトリック系の長崎のイエズス会に行って相談します。しかし、自分が日本に来た理由は彼らにもいえません。

上五島の無人島で隠遁者様が住んでいた掘っ立て小屋

そこで、地球のへそにあたる場所というのは不思議なことが起こる場所なので、「不思議な現象が起こる場所が日本国内にありませんか？」と聞いたところ、「五島列島の上五島の福崎という島に自然石でできた鳥居があります」とのこと。

そこには、自然にできたとしか思えない巨大な鳥居があり、その鳥居の下に立つと方位磁石が回る。長崎のイエズス会の神父たちは、その上五島の島が一番不思議な島だと思っている、と答えます。

その話を聞いた隠遁者様は、上五島に渡り、掘っ立て小屋を建てて島中を調べ始めます。食べ物は海岸で採った貝だけです。そうしたら、その間に「見たこともない西洋乞食がやってきて住み着いている」との噂が拡がり、島民たちから迫害さ

隠遁者様の予言どおりに崩れ去った教会跡

れるように……。

しかしそんな中、牛乳屋の主人だけは違っていました。隠遁者様が時々栄養をつけるために牛乳を買いにやってきたときに、牛乳を売るだけではなく、心ばかりの食料と裏庭でとれた野菜なども持たせてくれるなどとても親切に接してくれたのです。もちろん、彼もクリスチャンでした。

それから半年ほど経った頃、隠遁者様が上五島にいらっしゃることを聞きつけた日本の司祭たちが、行列して五島までやってきます。

東京から来たといういかにも地位の高そうな司祭一行が、「モンセラートから来た高徳の神父様にお目通りしたい」といい、そこで外国人司祭だけでなく日本人司祭まで美麗な衣服のままで乞食のような姿をした隠遁者様の前でひれ伏します。

その姿を見て、島の人たちは初めて「あ、乞食じゃなかったんだ。えらい坊さんだったんだ」と自分たちのやってきたことを恥じて、このすごい隠遁者様のために住むところを兼ねた教会を建てようと、島に立派な教会を建てます。

そして「どうぞここにお住みください」と伝えたら、隠遁者様は「この教会は間もなく崩れ落ちるだろう」といい残し、一日もそこに滞在することなく島を後にし、広島県三原市の北の山奥に移られます。

そこはかつて毛利家が治めたところで、どうも広島にも不思議な現象が起きる場所があると聞きつけて、今度はそこを調査に行かれたのです。

肝臓がんを患った牛乳屋の主人の病巣が祈りによって消滅していた!

隠遁者様が島を離れてから数週間後、台風の直撃を受けて、五島列島の教会は木っ端みじんに吹き飛ばされます。島の人たちは、「あの人はすごい方だ。予言が当たって、我々に対する神様の天罰だ。私たちが建てた教会がつぶされてしまった……」と後悔しきり。

その間、親切にしてくれた牛乳屋の主人は、飲酒のせいで肝臓がんを患っていました。

長崎大学の医学部で受診し、手術してお腹を開けたらもう手が付けられない状態だったので、そのまま閉鎖。医師から「もう余生半年、島で好きに暮らしなさい」といわれていました。

島民たちは、「あの隠遁者様なら治してくださるに違いない」と思い、代表者が広島の山奥まで行って隠遁者様に状況を伝え、「何とかしてください」と懇願。

てっきり一緒に帰って牛乳屋さんの病を治してくださると思っていたら、隠遁者様は使いの方に、「わかりました。私ができるのはここで祈ることだけです」と一言述べただけで、使いの者と同行することはありませんでした。

代表で使いに出た人は、失意のまま佐世保港からフェリーに乗って上五島に帰りつきます。すると、港では島民たちが諸手を上げて大歓迎‼　その光景を見た彼は、隠遁者様が一緒に来ていると思っているに違いない島民たちの前に出ていくのが恥ずかしく、みなに何といおうかと思いながらしぶしぶ出ていったところ、何とそこには牛乳屋の主人の元気な姿があったのです。

てっきり隠遁者様に断られたと思っていたら、はからずも牛乳屋の主人は彼にこう告げます。

「昨日、長崎の病院に行って一応断層写真を撮ったら、病巣がなかった。広島から祈ってくださったおかげとしか考えられないんだけど、完全に治っちゃって」と。

この奇跡は、どう考えても隠遁者様の祈りの賜です。

ちなみに、僕はこの出来事のあった20年後に裏を取りに上五島に行きました。当地のシスターに聞いたら、牛乳屋のご主人はもうすでに亡くなっていました。「なぜですか？」と尋ねたら、シスターが笑いながら、「せっかく隠遁者様のお力で神様にお助けいただいたのに、あの牛乳屋さん、元気になったもんだからまた毎日お酒を呑んだの」ということでした。

その牛乳屋さんは、がんを治していただいてから5年後に心臓発作で亡くなったそうです。


「物理学者とは話が合わない」と断られたものの、急に会いに行きたくなり……

僕は、この話を、英知大学という尼崎のカトリック系の大学に非常勤で教えに行っていたときに、その大学の伝道士の方からお聞きしました。ちなみに、神父さんとは違って伝道士は結婚してもよくて、神父で結婚したい人は伝道士になります。

隠遁者様に関するお話の中で、僕が一番ピンときたのは、祈りでがんを治すということでした。

「これはすごい。その方に会いたいのですが、会えますかね」と伝道士の方に聞いたところ、「ちょっとお手紙書いてみます」といわれ、1ヶ月後に返事がきたのですが、「物理学者とは話が合わないので、会いません」とのことだったため、仕方ないなと諦めかけていました。

それは夏頃の話だったのですが、翌年の正月三日の朝、顔を洗った瞬間、なぜか僕は「あの隠遁者様に会わなきゃいけない」と強く思って、住所も名前も知らないのに、広島の三原の北のほうという手がかりだけを頼りに、車で三原に向かうことにしたのです。

とはいえ、広島県は車で走ったことがなかったので、途中、営業で広島を回っていた高校時代の友人の家に寄って、助手席に乗ってもらいました。

広島県に入ってから「お前どこに行くんだ?」と彼がいうので、「かくかくしかじかのすごい神父様がいらっしゃるはずなんだ。断られたんだけど、なぜか今朝顔を洗ったときに会わなきゃと思ったので」といったら、彼が「そんなすごい神父様なら何かのおしるしで君を呼んでくれてるはずだから」といって、二人で周囲を見渡しました。

するとどんよりした曇りの日だったのに、雲の中から一条の光がスーッと射していた場所が遠くのほうに見えたのです。「よし、とりあえずあそこに行ってみよう」と車を走らせ、その場所に着いたときには、すでに光は射していませんでした。

またキョロキョロ周囲を見回して、今度は別の谷に光が射しているのを指して「あっち行って」といいながら、そんなことを4回ほど繰り返し、最後に辿り着いた場所で辺りを見回して、「もうどこにも光が射してないから、ここだ」と友人がいいました。

でも、そこは山の中の集落で、「こことといわれてもなぁ」と思っていたら、正月三日なのに外で車を洗っている男の人の姿が見えたので、一応聞いてみることにしました。そうしたら、「俺、正月休みに東京から戻ってきてるからわかんない。でも、俺の親父は役場に勤めてるんで知ってるかもしんないから、呼んできてやる」とのこと。

すぐにお父さんが来てくれて、「その外人さんなら、よく前の米屋に米を買いにくる。住んでるところは、ちょっと行ったところにある農家の納屋かどっかだよ」と教えてくれたので、友人と二人でそこに向かいました。

そうしたら、確かに小さな礼拝所があったので、「ここで間違いない」と二人で一安心。

農家の入口にあった礼拝所の内部

古い農家でカギはかかっていなかったものの、いくら声をかけてもまったく返事がありません。誰もいないようなので、「留守だろうな」と、僕は内心早く帰りたいという気持が湧いてきました。朝、顔を洗ったときにそう思い立ってフラフラやってきただけで、友人がとんでもないことをいってくれたために、ここまで辿り着いてしまった……。

　でも、全然人の気配もないし、返事もない。そこで友人が、「場所がわかっただけでもいいじゃない、また今度来よう」といったので、二人して車のほうに歩いていきかけたら、向こうから声がしたかと思うと、白人の若いシスターがスクーターに乗ってやってきて、「お待たせしましたー」と日本語で僕たちに話しかけてきたのです。

「いやいや、僕らは予定していた者ではなくて、突然来た者で、すみません、勝手に中に入っちゃって。今から帰りますから」と僕。

「いえいえ、あなた方お二人です。お待ちください」といいながら、そのシスターは僕らを引き留めます。

僕たちが突然訪ねていくことを事前に予言していた隠遁者様

「でも、僕らは電話で事前に予約していたわけでもありません」というと、「いいえ、あなた方です」とハッキリいわれて、こう説明されました。

そのシスターは、他のシスターたちと一緒に母屋に暮らしていて、納屋に一人で暮らしている隠遁者様のご飯を作ったり身の回りのお手伝いをするなど、お世話をしているそうです。そのシスターたちが、正月三日は三原市内にある教会にミサに行くことが決まっていたのが、実は前夜（二日の夜）、晩ご飯が終わって隠遁者様が納屋の上の居室に戻られるときに、「明日は男の人二人のお客さんが来られますから、あなた方シスターはミサに行かれるときに一人だけは早く帰ってきてください。そうしないと二人が帰ってしまわれます」といわれたというのです。

正月三日に誰も来る予定はなかったのに、突然前の晩に隠遁者様が「明日、二人の男の人が来る」といわれたから、あれっと思ったけれど、今まで隠遁者様が予言したことが外れたことがなかったから、一番若いシスターがミサの後すぐに一人でスクーターで戻ってきた。そうしたら、ちょうど僕ら二人が帰ろうとしてたので、「あなた方です」と引き留めた、というわけです。

「ここでお待ちください。今、神父様をお呼びします」とシスター。こうして、僕と友人の前に現れた隠遁者様のお姿は、もしイエス・キリストが生きていたらこんな人だったんだろうなとハッと思わせるような神々しさを放っていました。

僕たちは思わずその瞬間、ひれ伏して、示し合わせてもないのに二人同時に土下座しました。風貌も雰囲気もまるでイエス様のようだったので、額が隠遁者様の足に付くぐらいに頭を深く垂れたのです。

すると、隠遁者様は僕たちを抱き起こされて、母屋のコタツがある部屋に通してくださいました。正月三日で曇りの日なので、とても寒いはず。なのに、なぜか窓は開けっ放しで、コタツにも電源が入っていない。にもかかわらず、部屋の中は決して寒くはありませんでした。

隠遁者様からいろんなお話を伺ったので、後で友人に聞くと3時間も経っていたということがわかったのですが、僕の頭の中ではわずか15分ほどしか経っていない感じでした。しかもその間、庭にはずっと日が射し続けていました。

その後、僕はそのまま車で帰ったと思っていたのですが、その前後の記憶がなぜか欠落していたようなのです。数年後、一緒に行ってくれたその友人に、「あのときは面白かったよね、変なところに連れて行ってごめんね」なんていったら、「あのときはワインもありがとう」というので、何のことかわからず確認したら、帰り道にこんなことがあったと話してくれました。

隠遁者様の居所を出ると、隣村に正月なのに開いている酒屋があって、なぜか僕がその店の前で急停車して、酒屋の中に入っていって「赤ワインはありますか」って聞いて、赤ワインを一本買った。

そして友達に、「今日、キリストのような人と会えたのは君が光が射す場所に行けといってくれたおかげだから、せめてものお礼に。キリストの血だから」と、その赤ワインを僕があげたというのです。

僕自身は、そのことをまったく覚えていませんでした。なにしろ、隠遁者様に関しても、なぜかもう二度とお会いすることはないだろうと思ってお名前も聞かなかったし、住所も聞かなかったくらいなのですから。

荒れていた中学生の娘も、隠遁者様に会わせたら変わるかもしれない

そんな僕が、再び隠遁者様にお目にかかることができたのは、それから5年後のことでした。

僕の下の娘（次女）が中学校に入った頃、少々荒れた時期がありました。髪の毛を真っ赤に染めて、生徒をいじめるような先生に対して、歩いているときに足をひっかけたりするような正義感が強い娘で、友達を守るために先生にちょっかいをかけるとか、隣の組の男子生徒に喧嘩吹っ掛けるとか……。

いずれにせよ、学校側から見たら問題児だったので、「これじゃ高校も難しいですよ」といわれました。でも僕は親が意見をして従わせるようなことはしたくなかったので、そのときふっと、「あの隠遁者様に会わせたらこの子も変わるかもしれない」と思って、娘の夏休み中に隠遁者様に会わせようと思い立ったのです。

とはいえ、名前も住所も聞いてない。でも、以前車で行った道ならかろうじて覚えてるから何とかなるだろうと思っていたものの、娘が車に酔うので岡山から広島の三原までずっと車には乗れない。だったら、三原駅まで新幹線で行って、三原駅でレンタカーを借りて行くしかないということになったのですが、そうすると以前行った道とは違うので、実際にレンタカーで走ってみたものの、途中で道がわからなくなってしまいました。

後部座席に座っている娘も吐き気がしだして、これはもう次にUターンできそうな場所で諦めて岡山に帰ろうと思っていたら、空が一転にわかに掻き曇って、雲で真っ黒になって、土砂降り状態に……。

夏の晴天だった日、午後三時頃でした。急にそんな状態になって前が見えなくなったので、危ないなと思って車を路肩に寄せ、雨がおさまるまで待とうと思ってエアコンを付けたまま、しばらく停止していました。

30分ほどで雨が上がったので、空気を入れ替えようと窓を開けたところ、後ろの娘が「向こうの納屋の上から外人が手を振ってるよ」というではありませんか。

何だろうと思ってそちらのほうを見たら、何と、その納屋は以前伺った隠遁者様のお住まいだったのです。

隠遁者様がお住まいになっていた納屋

「ここだー、降りろー」と叫びつつあぜ道を走りながら隠遁者様の納屋の前に到着。「すみません、突然来てしまいました」と2階に向かっていったら、「いいえ、わかってましたよ。どうぞお上がりください」と、またもやアポイントなしの僕たちを快く迎え入れてくださったのです。

このときは以前のシスターはいらっしゃらなくて、隠遁者様だけでした。

隠遁者様の納屋の2階にはしごで上がって、初めて隠遁者様の居間に招き入れてもらいました。

そこにいるのは、僕と娘、隠遁者

様の三人だけ。隠遁者様がお茶を入れてくださり、いろいろ話をしました。僕の記憶では40分くらい。ところが、後で娘から聞いたら3時間が経過していたというのです。

しかもそのとき、シスターがいなかったから、通訳もいない。隠遁者様はスペイン人ですが、カタルーニャ地方で育ったし、大学がベルギーのルーバンにあるカトリック大学に行かれたのでフランス語を話されていました。

僕もかろうじてフランス語が喋れたので、会話はフランス語でした。だから随分いろんなことを教わったものの、僕の頭では40分くらいと思っていたのが、その5年前と同じく、やはり3時間くらい経っていたらしいのです。

その間、娘は僕たちが外国語で喋っていると思っていたそうで、時々隠遁者様が何かの仕草をしたり、僕がそれを真似たりしていたと後から教えてくれました。ところが、僕にはそのような記憶はまったくないのです。

ですから、その3時間の面談の中で一体何が行われていたのか、言葉で説明することはできません。

ただその場に一緒にいただけの娘にも、大きな変化が起きた！

ただし、その隠遁者様の居間で僕たち親子が過ごした後、戻ってから確かに娘は変わったのです。隠遁者様に会っただけで、僕の隣にいて意味もわからずに一緒に話を聞いていただけで、娘の人柄や能力までもが変わっていったのは確かです。

しばらくしてから、隠遁者様を紹介してくれた英知大学の伝道士の人に、2階の居間に入れていただいたことを報告したら、「えっ、隠遁者様の居室に入れたんですか⁉」ととても驚かれました。というのも、それまでそのお部屋にはシスターも入ったことがなかったし、隠遁者様は自分以外入れない場所だったというのです。

なぜ特別に招き入れてくれたのか、それは僕にもわかりませんが、それ以来、僕から娘には何もいっていないのに、娘は先生にちょっかいを出さなくなり、自分より強い者に対しても口と態度だけで、決して手を出すことはなくなりました。

それゆえ、僕も先生に呼び出されることもなくなって、しかも、彼女は結果的に岡山で一番の県立高校に入るという快挙を成し遂げたのです。

それまで勉強はぜんぜんやらなかった娘が、です。彼女が入った県立高校は僕の母校だったのですが、僕はＳＦ映画が好きなのでそればっかり見ていた影響もあったようで、娘は高校を卒業したら宇宙工学をやりたいとか、宇宙船の設計をしたいなどといい出しました。

そして、大学は工学部の航空宇宙工学科を受験することに。でも、彼女は高校時代の成績がそれほどでもなかったので、普通ならそこには入れない。ところがＡＯ入試というのがあって、それは大学入試センター試験の成績に加えて面接のみ。娘はそれを受けて、結果的に受かったのです。

後から、「あれ、何で受かったんだ？」と僕が聞いたら、「私は面接のときに受かったって思ったよ」と娘。「どうしてだ？」と聞いたら、「面接官の先生方が全員並んで書類見ながら、そのうちの一人の先生が、『俺、あんたのお父さんが書いた本を持ってるよ』っていったから」というではありませんか。

ようするに、僕の本を持っている先生が一人いてくださって、それを聞いた娘はこれで絶対に通ったと確信したというのです。これはおそらく、娘が隠遁者様に会ったことで、おそらく娘にも愛の生け贄的なヒーロースイッチが入り、「ここには親父の本を持ってる先生がいるんだ。だから私は100%受かる！　面接のときにわざわざそんなことをいって落とすわけがない。落とすならいうはずがない」と確信したのでしょう。

高校の先生方も、「いくらＡＯ入試とはいえ、お前の日頃の成績を正直に書いたのを提出して、これで通るのかー‼」と娘の面接結果を聞いてびっくり仰天していました。

後に、わかったのが、その年の大学入試センター試験で娘はかなりの高得点を得ていたということ。

なので、「あんたのお父さんが書いた本を持ってるよ」といったのも、センター試験の点数だけで合格点を上回っていたからだったので、問題なかったのではないでしょうか。

娘は、なぜか大学に入ってから成績がぐんぐん上がっていき、大学院まで行って博士号まで取りました。

そんなわけで、僕から見たら、ボロボロの成績でダメな娘だったはずなのに、隠遁者様に会って、会話はしていないけれどその場に一緒にいて、ただ同じ時間と空間にいただけで、なぜかどんどん良い方向へと進んでいったのです。

大腸がんになり、最後の頼みの綱である隠遁者様にお願いしようとしたら……

僕が隠遁者様にお会いしたのはわずか2回だけです。それでもまだ奇跡は続きました。僕が今から15年前に、便が出なくなって、あまりに痛いのでかかりつけの医者に行ったら、僕のお腹を見るなり「お前このままじゃ死ぬぞ！ すぐに総合病院の救急に行け。俺が電話しておいてやる」っていって、救急に担ぎ込まれました。

それから、あれよあれよという間に緊急手術となり、開けてみないと原因がわからないけれど、腸閉塞で便が溜まっているらしい。それで、お腹を開けてみたら大腸がんが進行していました。

僕は自分のお腹がそんなことになっているとは、まったくわからなかったのですが、がんがもとで腸閉塞になっていました。すでに腸壁に亀裂が走っていたので、もし1日手術が遅れていたら即死だったとのこと。

緊急手術の際、2時間の予定だったのが、あまりに病巣が広がっていたために6時間の大手術になりました。途中、2分30秒の間心臓が止まり、あの世をさまよった後、マリア様に祈って何とか命だけは取り留めたのです。そのときに、夏目雅子似の天使が出現して僕を励ましてくれました。それも隠遁者様のおかげだと僕は思っています（第6章でも後述）。

とびきり美人の天使は、僕が手術台に向かうときにストレッチャーの傍らで僕の手を握り、「大丈夫ですからね。安心してください」と力強く励ましてくれたのですが、実はその場にいるはずのない存在でした。僕が三人いる看護師の一人だと思っていたその女性は、後で他の看護師に聞いたら実在せず、そのときは二人しかいなかったというのです。

愛の生け贄となられた隠遁者様とのつながりによって、このときにも僕の前に天使が現れてくれたのです。

手術を受けてとりあえず便が溜まっている部位を摘出してもらったのですが、その後がんがあちこちに転移していることがわかったので、それらも全部切除してもらいました。

しかし、担当医から、まだ目に見えないレベルのがん細胞が残っているから放射線と抗がん剤で叩きますといわれたのですが、僕はそれには耐えられないので、お断りしました。

それに僕は、隠遁者様（エスタニスラウ神父）にお願いして、祈っていただければ何とかなると思ったのです。なにしろ、五島列島の牛乳屋さんの肝臓がんを祈りで消した方ですから。

　でも、その頃はもう高齢になられて、スペインに戻られたと聞いていました。ですので、病室にこっそり持っていっていた自分の携帯電話から、スペインのモンセラート修道院に電話をして伝言をお願いするつもりでした。

　そうしたら、翌日の夜、携帯電話にメールが入ったので、何だろうと思ってこっそり見たら、大学の同僚のシスターからでした。シスターは、このときアメリカの大学院に勉強に行っていたのですが、以前、僕は彼女に隠遁者様の話をしたことがありました。

　そんな彼女からこのタイミングでメールが入ったので、驚きながらメール文を読んだら、そこにはとてもショッキングな内容が書かれていました。

「私も今、情報を得たんですが、隠遁者様がお亡くなりになったそうです」と。

「えーっ⁉　明日、僕は電話してお願いしようと思ってた矢先に、亡くなられたとは……」

　不思議なことに、そのシスターとはそれ以来音信不通です。彼女にメールをしても返信はなく、他のシスターに、「あのシスターはどこにいるんですか？」と聞いても、「確か日本にお戻りになって四国の修道院にいると聞いてますが」とはいうものの、誰も具体的には知らない。その後、たまたま別の知り合いに聞いたら、「シスターはがんになって、四国の病院に入院されています」ということでした。

いずれにしても、僕にとって隠遁者様は、最後の砦、最後の頼みの綱で、それが絶たれてしまった。それでもう、僕は泣いてしまいました。「もうだめだ、もうこれで終わりだ」と……。

第2章

隠遁者様から引き継いだ「光の十字架」の建立

僕が東京白金に引っ越してきたわけ

前章では、隠遁者様ことエスタニスラウ神父が天に召されるまでの経緯を足早にお伝えしたので、次に隠遁者様の霊的使命と僕との関係について述べたいと思います。

僕が大腸がんで2分30秒間死んだのが今から15年前。その後の13年間ほどは、ずっと隠遁者様のことも忘れて地元岡山で過ごしていたのですが、平成29（２０１７）年4月、僕はある理由があって東京に引っ越してきました。

そこで、まず僕が東京に引っ越してきた経緯から手短に述べておきます。

僕が信頼している預言者に「麻布の茶坊主さん」という方がいて、彼は僕が東京に来るほぼ一年前の平成28（２０１６）年に、僕にわざわざ予言を送ってよこして、「ヤスエ先生は、近々、六本木と高輪の間にお住みになります」と伝えてきました。

僕は「そんなわけないよ。僕は岡山の人間でわざわざ東京に住むこともないし、ちょっと見てみたらその辺は家賃が高い場所だし、住めるわけないやん」と思っていたら、それから半年ほど過ぎた頃、たまたま僕の道場の門人の女性から「東京に良い物件がありますよ」との話を耳にしました。

それは、彼女が住んでいる古いマンションの角部屋で、めったに空かないのに空いたとか。そのマンションはなぜかわからないけれど、そこに住むか事務所にした人は右肩上がりに運気が上がっていくので、近所の不動産業の間でもちょっと知られた面白い物件だというのです。

「それじゃあ一度見に行こうか」と、門人たちと一緒にその部屋を内覧させてもらいました。すると、すでに家具や電化製品が入っていたので、「なんだ、もう誰かすでに入ってるやん」といったら、紹介してくれた彼女が大家さんに電話で確認してくれて、そこは古い物件だから、家具付き・電化製品付きにしないともう誰も入ってくれないから、とのこと。

それなら、部屋代は彼女の部屋代よりも高くなるんだろうなと思って、一応聞いてもらったところ、逆に安いとの返事。家具付き・電化製品付きなのに家賃は他の部屋よりも安い!?　「だったら僕は月に3回は東京に来てホテル住まいしてるから、ここに住んだほうが安い」というので即決したのです。

大家さんにその旨を伝えてもらい、「ところで、ここ、住所どの辺なの?」と彼女に聞

高濱清七郎の墓

いたところ、「白金です」との返答。白金はまさに六本木と高輪の間。というわけで、はからずも麻布の茶坊主さんの予言はみごと的中したのです。

　こうして、僕は港区白金に住むようになったのですが、それから間もなく、なぜ僕がこの地に住むようになったのか、それをはっきりと自覚させられる出来事がありました。

　東京移転の理由の一つは、すでに拙著や講演会などでも述べているように、陰陽師系の家系としての役割があったことです。僕のご先祖は赤穂藩の陽明学者で、実は陰陽師のボスだったことから、僕も小さい頃から陰陽師としての教育を受けてきました。

また、愛知県の岡崎に住んでいる霊能力のある若い女性がいて、彼女は昔から「東京の皇居と東京タワーを結ぶレイラインの延長線上に、陰陽師の技ができる人が住むことで東京の陰陽のバランスが保たれる。今はそのバランスが崩れつつある」と心配していて、僕が白金に住むのが決まったら、「これでバランスが保たれる」といってくれました。

ようするに、かつて江戸幕府が置かれた土地や今の皇居をお守りするのが僕の霊的なお役目だったということです。その証しとして、安倍晴明《あべのせいめい》の生まれ変わりの少年（後述）から も、天皇が譲位されるまでの間に東京に魔が入ろうとするので、彼が成人するまで、僕が魑魅魍魎《ちみもうりょう》を治めるようにとのお達しを受けています。

また、白金に引っ越してきてからわかったのですが、僕のマンションから歩いて20分ほどにあるお寺の中に、岡山出身の伯家神道最後の学頭であった高濱清七郎《たかはませいしちろう》のお墓があって、このお寺は明治天皇をずっと助けてきたお寺でした。

陰陽師だけでなく、僕が継承させていただいた伯家神道ともご縁のある土地。

このようなご縁が、白金という新天地へと僕を導いてくれたのは確かです。

霊媒体質の女性に突如降りてきた隠遁者様

そしてもう一つ、それとは別に、実はとても重要な理由があったのです。

ある日のこと、スピリチュアルな分野で大活躍されている著名な女性から、突然、連絡が入りました。それまで彼女とは知人を介して2回しか会ったことがなく、ただ顔を知っているのであいさつをする程度の関係でした。

そんな女性から突然連絡がきたかと思うと、いきなり、「あなたに会わなきゃいけないのよ」と彼女。なぜですかと聞いたら、「神様がすぐにヤスエに会えといわれたから」とのこと。

それじゃあ、品川駅で会いましょうとなり、駅近くの高層ホテルのロビーで会いました。以下は、コーヒーを飲みながらの二人のやりとりです。

(僕)「それで何の話?」

(女性)「いやいや、あなたのほうこそ何の話ですか?」

(僕)「えっ⁉ いや、呼んだのはあなたでしょ」

(女性)「いえいえ、神様が至急ヤスエに会えっておっしゃったから連絡したんですよ。だから、話があるのはあなたのほうでしょ⁉」

(僕)「いやいや、僕、なんにもないよ。だいたいお互いそんなによく知らないじゃん」

(女性)「でも、私もわからない…」

(僕)「じゃあどうするの⁉」

(女性)「さあ、どうするんでしょうね」

こんな調子なので、僕も困ってしまって、コーヒーを飲みながら雑談していたら、それまで彼女は普通に丁寧な言葉で話をしてくれていたのに、急に上から目線になり、しかもキツい言葉でいろいろ僕にいい始めたのです。

僕は内心、「そこまであなたにいわれる筋合いはないけど」と思いながら聞いていたのですが、そのうち「まだわからんか！」という男言葉が彼女の口から発せられたのです。

僕が「なに？」と聞いたら、「ならば、お前とワシしか知らぬことを話してやろう」といったかと思うと、僕が広島の山奥に隠遁者様を訪ねていって、僕が何を聞きたかったとか、一緒に行った友達や娘しか知らない話をし始めたのです。

「あのとき、お前は私に、心のありかについて聞いただろ⁉」と。

僕はそこでやっと理解して、その女性に向かって、「隠遁者様なんですか？」と伺ったら、「そうじゃ。やっとわかったか」との返答。

何と、彼女の身体に隠遁者様が降りられたのです。

そこで、「なぜ、今日はまた私の前に現れてくださったんですか？」と伺いました。そうしたら、「頼みがある」とのこと。「どんな頼みですか？」とお聞きしたら、隠遁者様はその女性の口を借りて次のように語られたのです（以下、要点のみ記します）。

・私（エスタニスラウ神父）は、イエス・キリストに愛の生け贄のシンボルとしての「光の十字架」を打ち建てるようにいわれて日本にやってきた。

・イエス様も光の十字架を建てる場所を求めて、晩年日本にやってきたものの、残念ながらそれはかなわなかった。それで、その任を私に託されたのだけれど、私もその場所を探し出すことはできなかった。

・私が死んで天国でイエス様に会ったとき、「お前ならできると思っていたが、やっぱり難しかったな。ところで、お前の弟子が日本にいるだろう。そいつに頼んでくれ」といわれた。

そこで仕方なく、隠遁者様はそのことを僕に伝えるために霊媒体質の女性を動かしてこの話をした、というのです。

日本に「光の十字架」を打ち建てるという霊的使命を託される

この話を聞いたとき、隠遁者様と僕しか知らないことをいわれたので、もちろん僕は信じました。そして、なによりも、隠遁者様とお会いしたときに起きた数々の不思議な出来事が、このときの話ですべて納得できたからです。

隠遁者様が、誰も招き入れたことのない居間に僕と娘を招き入れてくださり、その後、娘や僕自身も大きな変容を遂げたこと自体、隠遁者様の霊的なお力によるものは明らかでしたし、わずか2回の面会だけで、僕を弟子と見なしてくださったことは光栄の至りです。

とはいえ、光の十字架を打ち建てるという霊的な使命の話は別。僕にとってその任はあまりに重すぎるので、丁重にお断りすることにしました。

「それは光栄なことですが、イエス・キリストと隠遁者様がトライしてだめだったことを僕がやるのは無理です」

　そう正直にお答えしたら、「それはわかる」といわれます。

「あちらでも、私がイエス様にそういった。我々でもダメだったものがあの男にできるわけがない」と。すると、イエス様も確かにそうだといいながら、こうつけ加えたそうです。

（イエス様）「そこで今回は、場所は教えてやる。だから、そこに光の十字架だけ建てさせればよい。それを彼に頼んできなさい」と。

　そこで、僕は隠遁者様に「場所はどこなんですか？」と尋ねました。

（隠遁者様）「すでにお前はその場所を知っていて、もう住んでいるではないか」

（僕）「えっ、じゃあ、あの白金の龍穴ですか？」

（隠遁者様）「そうじゃ。あそこが地球のへそ、つまり、日本を日本たらしめる愛の生け贄の場所なのだ」

（僕）「なるほど。それはわかったので、場所は探さなくて助かりますが、光の十字架って何なんですか？」

（隠遁者様）「それは、後日、安倍晴明から伝えさせる」

隠遁者様は、最後にそういって、女性の身体から抜けて消えてしまいました。

その途端、その女性はふっと我に戻って、「あっ、記憶が飛んでる。ひょっとして今、誰か憑依したのね。そういう体質なのよ私。誰と喋ってたの、教えて」と彼女。

そういわれたので、隠遁者様とのやりとりを伝えたら、それから結構盛り上がって、そのままケーキを食べて彼女は帰って行きました。

実は、このときまで僕は隠遁者様が日本に来られた理由は知りませんでした。隠遁者様自身がイエス様から口止めされていて、誰にも喋ってはいけなかったからです。なので、司祭たちの間でも、隠遁者様がなにゆえに東の果ての国まで来られたのかは謎のままだったのです。

霊的存在がこの世の人間に働きかけられる理由

隠遁者様が霊媒体質の女性の身体を借りて僕に話しかけてこられた出来事に対して、もしかしたら、「ほんとにそんなことってあるの⁉」と感じられた方もいるかもしれません。

そこで、最近僕がある会社の社長さんから直にお聞きした、あの世の霊が肉体を持って出現した前代未聞の実話についてお伝えしておきます。

紙面の都合上、その社長さんからお聞きした内容の要点だけ記します。登場人物は、その社長さん（仮にAさん）と、大学時代におつきあいしていた彼女（仮にIさん）、そしてIさんの元カレのJ君の三人です。

Iさんには、Aさんとつきあう前に交際していたJ君という男性（元カレ）がいたのですが、彼はオートバイに乗っていて交通事故に遭って亡くなっていました。

それは、IさんがAさんと出会う1年ほど前の出来事です。二人が出会ったのちAさんからの猛烈なアタックによってつきあうようになったわけですが、やがてAさんはIさんに男女の関係を求めるようになります。

衝撃的な出来事に遭遇したのはちょうどその頃で、なんと1年前に死んだはずの元カレのJ君が、突如二人の前に現れて邪魔をしてきたというのです。

つまり、J君は、自分の彼女だったIさんとAさんが男女関係になるのを何とか阻止しようと、再び身体を持ってこの世に現れたのです。

J君は二人の前に度々現れて、IさんがいないときでもAさんの前に出てくるようになり、Aさんは、Iさんとの仲を邪魔されることへの怒りよりもJ君に対する関心が上回り、いろんな質問をしたりして、最後は友達のようになったそうです。

以下、Ａさんがｊ君から聞いた内容です。

・Ｊ君によると、自分の身体（生霊）をつくるのは集中力が死ぬほどいるらしく、一瞬でも途切れるとパンっとはじけて姿が消えてしまう。安定した姿を現すには、死ぬほどの努力がいって、長時間はできない。

・Ｊ君の写真を撮ったとき、手が骨の形で写ったことがあり、Ａさんが「お前、死んでるんだな」といったら、Ｊ君は「肉体になる寸前、骨までは何とか形作ったんだけど、それ以上肉をつけることができなかったんだ、失敗しちゃったんだ」といっていた（ちなみに、その写真はいくら探しても出てこなかった）。

・Ｊ君によると、人間の場合は夢をとおして時間を超えることができるそう。例えば、子どものときには未来につながっていて、未来の現場に実際に行って経験することができる。

・移動するときは、思ったらその場所にピュッと瞬時に行くことができる。

・身体が消えた後は、水として残る。

・霊が入りやすいのは、虫などで、猫や犬は難しく、人間の場合は入ろうとすると邪魔になるような物質があって押し出されてしまう。

・死後、49日間はこの世でフラフラしていて、J君の場合は、49日を過ぎてもあの世に行くのを拒否したから、しばらくこの世にいた。

このように、J君はIさんへの愛がとても強かったために、霊になったにもかかわらず、再び一時的に自分の肉体を物質化することができたのです。

このことは、僕の専門の形而上学的素領域理論に基づくと、まったく矛盾なく、可能であることがわかります。それは、人の強い気持ち、念が素領域と素領域の間の部分をうまい具合に動かして、素領域を鋳型のように生み出し、周囲の素粒子を集めてその鋳型に入れてしまうと人間の姿ができる、ということ。これが、霊的存在がこの世の人間に働きかけて、影響を与えられる理由です。

「光の十字架」の正体の鍵を握っている安倍晴明とは？

話を光の十字架に戻します。

光の十字架を建てる場所は、僕が住んでいる古いマンションの斜め向かいにある駐車場の龍穴。しかし、肝心の光の十字架そのものについては、「安倍晴明から伝える」といわれただけで、その時点ではまったく思い当たりませんでした。

ところが、翌日、東京の道場で稽古をつけていたら、1ヶ月ほど前に一度だけ会っていた安倍晴明の御霊《みたま》が入ったという少年が門人に同行して道場にやってきたのです。彼が来ることは僕には知らせずにやってきたのですが、すごい袴を着けて入ってきたので、すぐにあの安倍晴明少年だとわかりました。

ここで、その安倍晴明少年について詳しく解説をしておきたいと思います。

少々長くなりますが、この安倍晴明の御霊をもつ少年は、日本人に課せられた愛の生け贄としての役割について考えるうえでとても重要な示唆を含んでいると思われるからです。

そもそも、安倍晴明とは、誰もがその名を知る平安時代のシンボル的な陰陽師です。その最も名の知れた安倍晴明が、どのようにしてこの現代に登場してくることになったのか、まずはそのあたりから説明します。

僕が最初に安倍晴明と一体化した少年がいることを知ったのは、東京の白金に住み始めてから2ヶ月ほど経った平成29（2017）年の6月頃でした。

夏至の日の昼過ぎ、僕がマンションの部屋から出て1階に降りたとき、ちょうどエレベーターの前で僕にこの古いマンションを紹介してくれた若い女性と出くわしました。

住み始めて2ヶ月ほどが経っていたものの、マンションの中でその女性に出会ったのは初めてのことでした。そこで僕は、「おかげさまで快適な東京暮らしができています」と挨拶代わりに伝えました。

すると彼女は、大きな身振りをしながら、まん丸な目を僕に向けて「ちょうどご連絡しようと思っていました」とのこと。ならばということで、エントランスの脇でしばらく長い立ち話をすることになったのですが、そこで彼女の口から出たのが、安倍晴明にまつわるとても不思議な話だったのです。

以下は、そのときに僕が聞いた世にも不思議な真実の話ですが、読者の皆さんにおいては、どうか先入観を脇に置き去って、ありのままを読みとっていただければ幸いです。

その女性によると、僕とエレベーター前でばったり出会った日の午前中に、郷里の家のご近所に住む年上の女性から数年ぶりに電話があったそうです。

電話をかけてきた女性は、子どもの頃から親しんできた近所のお姉さん的な存在で、現在は一人息子の母親になっていて、そのときの電話では次のような話を聞いたといいます(以下、要点のみ記します)。

自転車で交通事故に見舞われ生死の境から奇跡的に蘇った少年

今から2年前、その女性の当時中学２年生だった息子さんが、自転車に乗って帰宅途中に真横からタクシーにノーブレーキで突っ込まれるという交通事故に巻き込まれた。自転車に乗っていた少年は、激しい勢いで７メートルも突き飛ばされ、固いコンクリートの上に頭から叩きつけられた。

当然ながら、少年は血だらけになって倒れ、ぶつかった車の運転手をはじめ、多くの通行人が彼を取り囲んで救急車の到着を待っていた。

たまたまそのときに、少年の母親が買い物で近くを通っていて、いつもなら野次馬が集まるようなところには寄っていかないにもかかわらず、そのときだけは何故か気になって現場を覗いてみたら、血まみれで横たわっていたのは我が子だった。母親はびっくりして駆け寄ってはみたものの、息子の無惨な姿にただただ叫ぶように声をかけることしかできなかった。

救急車が到着し、隊員によって措置判断のための全身チェックが行われた結果、救急車で最寄りの病院に搬送するのではどうにもならないほどの重傷だということで、地域で一番大きな救急病棟がある総合病院にドクターヘリで向かうことになった。

救急処置室に運び込まれてから30分ほどが経過したとき、一人の医師が廊下に出てきてベンチで息子の回復を祈りながら待っていた母親に声をかけてきた。事故に遭った他の被害者はどの病院に搬送されたのかを聞かれたのだが、自分の息子以外には被害者は誰もいなかったという母親の答えに首をかしげるようにしていた医師は、信じられないような事実を困惑気味に伝えてくれた。

血まみれで意識不明の状態の少年が処置室に搬入されてきたとき、ドクターヘリに乗っていた医師からの事前情報で、出血を伴う重度の頭蓋骨折が疑われ、頭部の緊急手術のために大量の血に染まった衣服を切り離した上で身体に付着した血糊も洗浄して複数の医師によって患部の特定作業が行われた。

ところが、ダブルチェックにダブルチェックを重ねてみても、少年の身体にはわずかの擦り傷があるだけで出血したような傷も見つからないし、タクシーが激突したときにできたはずの骨折や打ち身さえ皆無だった。そのため、医師団はこの少年以外にもタクシーにぶつけられた被害者がいて、その被害者が流した血が少年の衣服や身体に付着していたにすぎないと判断した。

だが、母親から被害者は他にはいなかったと知らされた医師は、「それではエックス線断層写真を撮って脳や内臓に問題がないか調べますので、あと2時間ほどお待ちくださ い」と告げてから処置室へと戻っていった。こうして、さらに悶々とした時間が流れていき、先ほどの医師が再び顔を出したときには、こう切り出してきた。

「脳にも内臓にもまったく問題はないようですし、幸い息子さんの意識も回復して話も伺うことができ、ご本人も何も異常は感じないとのことです。むろん外傷もほとんどないわけで、これではこれ以上病院にとどまっていただく理由がありませんので、今日のところはお引き取りくださってかまいません。

また、何かの症状か後遺症が出るか、あるいは事故のときのことをご本人が思い出したときにはぜひともご連絡いただければと思います。今回のような不思議な症例は我々も初めてのことで正直戸惑ってはいます。何せ、ドクターヘリに乗っていた医師の話では息子さんは確かに出血を伴う頭蓋骨折で生命の危険にあったと報告されているにもかかわらず、どう見てもほぼ無傷で健常な状態なのですから。

医師の中にはきわめて特殊なケースだということで興味を持っていて、今後も息子さんについての追跡調査をしてみたいと考えている者もおります。そのことについてはまたこちらからご連絡いたしますが、ともかくこれから息子さんに会っていただきますので、連れてお帰りください」と。

ともかく、どこにも問題はないということで、安堵した母親がその少年を連れて家に戻ったとき、病院の医師に向かっては黙っていたという少年の口から、本当に世にも不思議な話が母親に向かって次のように語られた。

陰陽師・安倍晴明が平成の世に現れて少年の命を救う!!

少年がいうには、自転車に乗っていて、真横からタクシーに激突されて飛ばされ、地面に頭から叩きつけられたときから激しい悪寒と頭部の激痛で、意識がかすれて文字どおり目の前が真っ暗になったときに、自分は死のうとしているとわかった。

死を前にした恐怖と若くして今生を離れなくてはならない無念さがこみ上げてきたとき、迷い込んでいた真っ暗闇の世界の中に突如一人の男が現れ、頭を下げながら少年にこう詫び始めた。

「お前の命を護らなくてはならなかったのだが、自分の力をもってしても、どうすることもできなかった。まことに申し訳ないことをしてしまった、許してくれ。しかし、ここでお前が死んでしまうと世の流れが変わってしまうので、最後の手段として私の命をお前に分け与えようと思う」

そういい残して立ち去ろうとするその平安装束の男に向かって、少年が「あなた様はどなたですか？」と尋ねたところ、男は、「陰陽師・安倍晴明」と力強く名乗った。少年は、その返事で自分が本当に生き返ることができると確信できた。

実際のところ、安倍晴明が消え去った直後に、あれほど激しかった痛みも恐怖も失せてしまい、気がつくと病院の救急処置室で医師団に囲まれて横たわっている自分がいた。

つまり、僕にマンションを紹介してくれた女性の知人の息子さんが交通事故に遭い、本来なら瀕死の状態にもかかわらず、彼の命を救ったのがあの安倍晴明だったというわけです。

少年の母親の話によると、そのときはこんな思いだったそうです。

実は自分の息子があの交通事故で死んでしまっていた！　それを自分の命を与えてまで

あの世から息子を送り返してくれたのが、小説や映画にも登場する平安時代の有名な陰陽師の安倍晴明だった！

そんなぶっ飛んだ話を息子から帰宅後に聞かされた母親は、当然ながら、やはり息子は事故のときに頭を強く打ったために気がふれてしまったのではないかと疑ったといいます。しかし、数週間後には、息子が語った話を信じざるを得ない光景に出くわしてしまうのです。

それは、親戚の法事で檀家となっているお寺に行ったときのこと。

寺の住職による法要の最中、同行した息子が退屈しのぎに手にした分厚い経典を見事な手さばきでパラパラパラッと一気にめくるや、そこに記されていた、これまで見たことがあるはずもない特殊なお経を早口ですらすらと唱えてしまったのです。

一つのお経が終わると、再びパラパラパラッと経典をめくり、やはりそこに記されていたお経を早口で唱えてしまう。これを何回も続けていた息子を見て驚いていた母親の目には、その姿が徐々に安倍晴明であるかのように映っていきます。

さらに、同様のことを初めて参拝に行った神社の拝殿で祝詞集を素早くめくりながら早口で奏上する息子の姿を見るにつけ、最後にはあの事故に遭った日に息子の口から語られたことが真実だったと確信できたというのです。

安倍晴明の命で生きていなければ、自分の息子がこんなことをさらりとやってのけることなど、とうていあり得ないことなのだから、と。

それから2年間、少年は様々な機会に陰陽師としての能力を母親の前で披露し、通っていた中学校の同級生や近所の人たちからは交通事故に遭ってからずいぶんと雰囲気が変わったと思われながらも、高校は県内有数の進学校に合格するなど、意義多い人生を歩むことができていたそうです。

それが、私がこの話を聞くことになった夏至の日の朝、母親は息子（少年）から、起き抜けの直前、「夢のような映像の中に久しぶりに安倍晴明が出てきてこう告げられた」という話を聞いたのです。

「平成29（２０１７）年の夏至から七夕までの期間は千年に一度あるかないかのきわめて希な時期になっていて、この期間内に努力をすれば誰もが自分の魂のレベルを一気に高めることができる。従って、君にとっても自分の命を少しでも取り戻す可能性がある期間となるが、その間にこの私が君の中に入ったままだと君自身の努力の邪魔になってしまう。そこで、今日から七夕までの間、私は君から離れておくことにするので、存分に努力してみたまえ。それでは！」と。

七夕が過ぎて再び安倍晴明が戻ってくることを願った母親

息子の口からそう知らされた母親は、仏壇の前に置いてあった経典を持ち出して息子に手渡し、いつものようにパラパラとめくりながらお経を唱えるように指示します。

そうして、これまではいつも見事に唱えていた息子が今日に限っては一行たりとも読み上げることができなくなっていたことで、安倍晴明の言葉が真実だと悟ります。

それまでは、自分の息子の中に安倍晴明が入っていることに対して、決して歓迎はしてこなかったにもかかわらず、こうして安倍晴明が出ていったためにそれまで息子が見せていた、常識では考えられないような能力が消えてしまったことを目の当たりにして、母親は七夕の日が過ぎたなら安倍晴明は本当に息子の中に戻ってきてくれるのか心配になってきます。

そんな不安をどうにかして打ち消したいと思った母親は、小さい頃から自分の妹のようにかわいがっていた近所の少女で、今は東京で一人暮らしをしている親しい女性、つまり僕に白金のマンションの一室を紹介してくれた若い女性に数年ぶりに電話を入れたのです。

せめて誰か息子のことも知っている気の置けない親しい人に、あの交通事故に始まる一連の安倍晴明事件の詳しい顛末を聞いてもらった上で、七夕が過ぎれば安倍晴明が戻ってきてくれるのではないかという言葉を投げかけてもらいたい一心で……。

ところが、電話を受けたその女性は、聞かされた話の内容があまりにぶっ飛びすぎていて、「自分では何もいえない」と正直に答えたところ、藁にもすがりたい雰囲気が電話越しに伝わってきて、そこで何とかしてあげたいと思った彼女は、不意に僕のことを思い出してこう返事したそうです。

「そんな難しいことは私にはわからないけれど、今度うちのマンションに面白い物理学者の先生が引っ越してこられたので、その先生に聞いてみてあげる。その先生はずいぶんと変わってる人だから、安倍晴明のこともわかるかもしれないし……」

そう告げて電話を切り、その日か次の日くらいに僕に電話をして聞いてみようと思っていたところに、ちょうど夏至の日の午後、僕と1階のエレベーターの前で出くわしてしまった、というわけです。

そのときの僕は、まさに飛んで火に入る夏の虫だったのです。

その女性からこの話を聞いたとき、にわかには信じられないような話の内容だったにもかかわらず、僕はすべてを無条件に信じました。

その理由は、僕は愛知県の霊能力者の女性から、「その年の夏至から七夕までは特別な期間で、努力すれば誰もが魂のレベルを高めることができる期間である」ということを事前に聞いていたからです。そこで、まさに「あの世の存在である安倍晴明が、交通事故で瀕死の重傷を負っていた少年をとおしてまったく同じことをこの世に知らせてきたのだ」と確信したのです。

なので、その同じマンション住人の女性に向かって、「安倍晴明は七夕の翌日の朝になれば必ずその少年の中に戻ってきてくれるので、その母親には心配ないから安心して待つように伝えてください」とまでいいのけてしまいました。

僕がそう太鼓判を押したことで、母親もまた安倍晴明が息子の中に戻ってきてくれるという安心感が生まれました。そして予告どおり七夕の翌日の朝、少年の中に安倍晴明が戻ってくれていたことを僕はあとから聞きました。

夏至の日から消え去っていた、平安時代の陰陽師でなければできないような不思議な能力が確かにその少年に蘇ってきたのです!

魑魅魍魎を射抜いて霧散させることができるような鋭い眼光

少年の母親からは丁寧なお礼状をいただき、その礼状によると、少年がこの変な理論物理学者に興味を持つようになったようで、いつか東京に僕を訪ねていきたいとまで願っていると記されていました。

確かにその親子の役には立てたのかもしれないけれど、わざわざ僕に会いにくるというのはリップサービスだろうとのんきに考えていたところ、その年の夏休みが終わる直前の8月27日に、本当にその安倍晴明少年が僕に会いに上京してくることになりました。

同じマンション住人の女性から直前にそれを知らされた僕は、ちょうど少年が上京してくる日の午後、僕の講演会が予定されていたため、彼女に講演会の案内状を手渡したうえで、少年を連れて二人で講演を聴きにきてくださいと頼むことにしました。

やがて、あと20分ほどで講演会が始まるというタイミングで、受付の女性が応接室のドアを開け、僕の招待客が到着したのでこちらにお連れしましたと告げました。

僕がふと廊下の先を見ると、同じマンション住人の女性の後ろに、いかにも地方の純朴な高校一年生といった夏の制服姿の少年の姿が見え隠れしていました。

「あぁ、あれが安倍晴明の命をもらった少年か」と思う前に、少年と目が合ってしまった僕は、応接室の中に立ち尽くしたまま、こわばった身体をぎしぎしと折り曲げて深々と礼をしてしまったのです。

長年勤め上げた大学教授の職を定年で辞した直後の物理学者が、高校生になったばかりの少年と目が合った瞬間に、なぜかこちらから深く敬礼してしまった——周囲から見ればまさに正反対の状況しか想像できなかったに違いないでしょうが、そのときの少年の目と表情は一般的な高校一年生のそれではなかったのです。

その目は、まさに陰陽師の大先輩である安倍晴明が現代に蘇ったかのような、魑魅魍魎のすべてを射抜いて霧散させることのできる厳しく鋭い眼光を放っており、そこで一瞥された僕にできることは、ただただ深く頭を下げて最大限の敬意を表することだけだった…。

そこに如何なる議論の余地もなく、その少年が確かに安倍晴明の命をもらったという絶対的な真実だけが僕を圧倒していたのです。

さらに加えて、講演会のあとに催された懇親会の場において、安倍晴明と少年が間違いなく一体化していることを確信させられるような出来事がありました。懇親会には主催団体である「公益財団法人日本心霊科学協会」の理事長さんや副理事長さんもいたのですが、その場ではからずも少年の口から「泰山府君《たいざんふくん》」という名前が飛び出たのです。

泰山府君とは、安倍晴明の陰陽道の先生で陰陽師の神様として奉られている中国人で、晴明は泰山府君の下で陰陽道の最高奥義を学んだのです。

僕は、安倍晴明が描かれた国宝の巻物がある京都の浄土宗総本山のお寺で初めて「泰山府君祭」が執り行われた際、伯家神道の神官の依頼でお手伝いをすることになったときに初めてその名を耳にしたのですが、少年は泰山府君の下に二度目に留学したときのことをとうとうと語ってくれて、まさに晴明本人でしか知り得ない話をそこで聞くことになったのです。

それは、伝説や小説の中では安倍晴明の宿敵と捉えられている呪術師・芦屋道満についての、これまで何人《なんぴと》も知ることのなかった真実についてでした。

安倍晴明が陰陽師として頭角を現して朝廷のお抱えとなるのは、中国に渡って泰山府君から陰陽道の奥義を授かり、その秘伝の巻物を持ち帰ってからのことで、既に30歳を過ぎていた頃とされています。以下は、よく知られているエピソードです。

誰も知らない宿敵・芦屋道満とのその後

時の天皇の前で、当代一の呪術師・芦屋道満と雌雄を決するとき、天皇の側近たちが相談して布袋の中に果物を入れて袋の口を閉じておいたものを二人の前に示し、その中身を両者に当てさせるということがなされた。

このとき、芦屋道満はその中身が何個の果物だと見事に霊視し、その場にいた側近たちを震撼させた。直後に安倍晴明が中身を何匹のネズミだと指摘したときには、これで芦屋道満が勝って天皇に召し抱えられることになると側近たちは確信した。

そして、天皇の命によって袋の口が開かれたときに出てきたのは、安倍晴明が陰陽道の呪術によって果物から変容させたネズミだった。そのため、あらかじめ袋の中身を知らされていなかった天皇が、安倍晴明の勝ちとして以来、安倍晴明は常に日の当たる道を歩み続け、本当は勝っていたはずの芦屋道満は野で悲惨な境遇に身を落としてしまう……。

ここまでのことは、安倍晴明に興味を持つ人にとってはよく知られたことで、伝説や小説の中でもそのような場面が描かれることが多いので、ご存知の方もいらっしゃるでしょう。

しかし、その少年が安倍晴明の魂から発せられる言葉として語ってくれたのは、これまで決して描かれることのなかった、その後の二人の間での確執から融和に至る出来事についてだったのです。

それによると、安倍晴明が妻を残して再度中国に渡ったとき、その留守宅の妻に接近した芦屋道満は言葉巧みに身も心も捧げるように操ったあげく、安倍晴明が自宅に隠している泰山府君からいただいた陰陽道秘伝の巻物を持ち出してこさせたというのです。

そして、その中の最高秘伝が記されている一本の巻物にあった恐ろしい呪術を使い、中国にいる安倍晴明を殺害しようとしたのです。しかしながら、霊力によってその悪巧みを知った泰山府君は、安倍晴明が殺されないようにその最高秘伝の巻物に記してある呪術そのものを完全に無効にしてしまいます。

陰陽道の師である泰山府君によってかろうじて窮地を脱した安倍晴明は、芦屋道満の非情な仕打ちの一部始終を知って急ぎ帰国した……。

というところまで語っていた少年を制し、俄然興味を懐いた僕は、そこでアルコールの勢いもあってかなり激しい口調で問いただしてしまいます。しかも、目の前の少年がそのときの安倍晴明自身であると確信していたためか、関西弁でまくし立ててしまったのです（安倍晴明は今の大阪市阿倍野区の生まれだった）。

（僕）「ほならお前なー、中国から戻ってきてすぐに芦屋道満をメッタ切りにして殺したんやろナー。そいで、返す刀でお前を裏切った嫁さんもブチ殺したったんやろナー。何ならワシが持ってるレミントンの近接制圧銃貸したろか⁉」

感情に振り回された普通の男の共感をそのままぶつけられた少年は、しかしながらとても田舎の高校一年生の男子生徒の言葉とは思えない言葉を淡々と発してきました。

（少年）「いえ、私は二人とも完全に許しました。ですから、二人を殺したりなどしていません。それに私に許されたことで芦屋道満も失いかけていた正道を取り戻すことができ、その後私と芦屋道満の二人は、互いに切磋琢磨して陰陽道を究めていく親友として生きていきました」

完全に想定外の返事を、しかもどちらが子どもで、どちらが大人かわからないような返事を喰らってしまった状況の僕は、半ばやけっぱちの関西弁で応戦しました。

（僕）「お前ナー、そんなんアリかー⁉　嫁ハンを寝取った上に、利用してお前を殺そうとしたヤッチャでー。ブチ殺しても足りんはずや。それを、許した上に親友になったやて!!??　お前、気、確かカー!?　ナー、そんなんお前がかわいそすぎるワ。ダイイチにな、嫁ハンの始末どうすんネン!?」

意外でしたが、ここでは安倍晴明としての本音が返ってきたように思われたため、僕自身もようやく冷静さを取り戻すことができました。それは、少年の口から出たこんな言葉がきっかけとなったからです。

（少年）「許した妻に関しては、そのまま芦屋道満と暮らすように仕向けましたので、私はその後数人の若い女性と楽しくやっていくことができたため、どちらかというと妻には感謝しています」

安倍晴明が平成が終わる時代に蘇った霊的意味とは？

ともあれ、その少年をとおして安倍晴明が語ってくれた事実は、これまで一般に知られていた伝説の内容とはかなり違ったものであるために、にわかには信じがたいものではあるものの、冷静に考えると、安倍晴明ほどの人物であれば、確かに芦屋道満を許して切磋琢磨していくうちに無二の親友となるのが自然ではないかと思えます。

これは僕が日本古来の柔術や合気道の精神を学び、最後には「愛」に辿り着いた心境とも重なる部分があったからかもしれません。

そのように考えていくうちに、僕自身も、目の前に落ち着き払って座っている初対面の少年が安倍晴明の命を授かったというのは真実だと確信するようになった次第です。

少年を挟むように座ってその異常な会話を聞いていた理事長と副理事長の二人もまた、どうやらこの少年が口にすることはあながち嘘ではないようだと思い始めたのか、彼らも少年に向かっていくつか質問をしました。

中でも、平安時代ではなく、近代から現代にかけて陰陽師の存在があったのか否かについて聞かれたとき、再び芦屋道満について語ったときと同じ無機的な目つきとなった少年は、僕がまったく知らなかった驚愕の事実を披露してくれました。

それは、太平洋戦争が始まる前に、大日本帝国陸軍の中に陰陽師による呪術部隊が秘密裏に編成されていたというものです。

それによると、全国から集められた当時の陰陽師たちの任務は、彼らの霊力を駆使した呪術によって敵国アメリカ合衆国の大統領であるフランクリン・ルーズベルトを、この世から抹消することだったそうです。

そして、まさにその呪術が効果を示した結果、ルーズベルト大統領は開戦からまもなく他界してしまうのです。

一般には「病死」とされてきたルーズベルト大統領の死の真相が、実は大日本帝国陸軍が密かに編成していた陰陽師呪術部隊の遠隔抹殺作戦によるものだったなどとは、陰陽師の家系であるこの僕をはじめ、誰も知らない話でしょう。

しかし、そのときの少年の目が明らかに安倍晴明の魂を映し出していることに気づいた僕は、大きくうなずきながら陰陽師が持つ底知れぬ力に思いを馳せるとともに、それ以来、安倍晴明が少年の身体に再び宿ったことの今日的な意味を考えるようになりました。

安倍晴明が少年と一体化することで令和の時代を迎えるために新たに蘇ってきたのは、もしかしたら、集福消災を祈願する陰陽道をさらに地球レベルで極めること、すなわち、愛の生け贄としての日本人の霊的役割を先導するためではないか——僕にはそう思えてならないのです。

「光の十字架」の正体について語り始めた安倍晴明少年

ここで、話を本題の光の十字架に戻しましょう。

光の十字架については、隠遁者様から霊媒体質の女性の口を借りて、「安倍晴明から伝える」といわれたことは前述したとおりです。

その安倍晴明の御霊を宿した少年が、突如、再び僕の東京の道場にやってきたので、稽古をつけることになりました。

稽古をしたあと、彼をこのまま帰すのも悪いと思って、道場を出た後、門人たちとの食事会に誘い、15人ほどで近くの店で飲み食いしながら、昨日の女性に隠遁者様が降りてきた話をみんなにしました。

そこで、最後に光の十字架の話になり、「隠遁者様は後日、安倍晴明から伝えるといったけど、そんなわけないよなー」などといっていたら、その瞬間、安倍晴明少年が、それまで普通の少年だったのに、急に安倍晴明本人になって語り始めたのです。

門人たち全員が見ている前で、彼は少年らしくない独特の口調で話し始めました。

「それは草薙ノ剣だ。その草薙ノ剣は穢れてるから、草薙ノ剣に、伊勢神宮の鏡に天照大神様の太陽の光を反射させて当てろ。そうしたら光の剣になる。それで清められる。その剣をあの場所に建てろということだ」

そういったかと思うと、また途端に少年に戻り、少年に戻ったら何もわからない様子。

少年はそのとき高校二年。なのに、言葉遣いがガラッと変わって、本人では到底思いつかないような発言でした。

草薙ノ剣は、天皇が代々継承する三種の神器の一つで、本物は熱田神宮にありますが、かつて幾人かが現物を見ようとして祟りによって死んだこともあったようで、現物を見た人はいないといわれています。

なので、どうしようかなと思っていたら、たまたま熱田神宮の権宮司さんと親交があるという知人と出会い、実はこんなことあったと事情を説明。僕が、「草薙ノ剣が熱田神宮にあるらしいんだけど、熱田神宮に行ってそれをもらって、伊勢神宮にある鏡の光を当てないといけないんだよ」といったら、その知人女性が「熱田神宮の権宮司、紹介しましょうか?」といってくれたのです。

「いいんですか、ぜひお願いします」といって、日にちも決めてもらいました。これで熱田神宮の権宮司に頼めば、草薙ノ剣を貸してはもらえないだろうけれど、見せてもらうか、レプリカ、あるいは写真くらいは撮らせてもらえるだろうと思って、一安心。

一方、伊勢神宮の鏡はというと、幸いにして、その翌週にご神事で150人の集団で伊勢神宮に正式参拝に行くことになっていたので、運を天に委ねることにしました。

伊勢の内宮と外宮の御垣内に入って150人全員でご神事を行う予定だったのですが、そうしたら、前のほうから僕の名前を呼ぶ声が……。「何ですか?」と前に出ていくと、主催者から、御垣内の中にある白石の上に代表者の一人として立ってくださいというのです。

本来は、日本のこころを大切にする党の中山恭子さんが代表でやるつもりだったのが、当時の政局の関係で、急遽来られなくなった。それで、主催者が、僕が中山恭子さんの党から参議院選挙に出たことを覚えていて、中山さんの代わりに僕に前に出てほしいと頼まれたのです。

「僕でいいの?」「どうぞお願いします」といわれ、僕は御垣内の白石の上に立って、150人が黒石の上に並んでお祈りを捧げることになりました。

熱田神宮に行って草薙ノ剣を触らせてもらおうかと思いきや……

150人が御垣内の中に参列するまでの時間、僕は白石の上に立ってじーっと待っていました。そして、何気なくふっと上を見上げたら、雨がパラパラ降るどす曇りだったにもかかわらず、僕の真上だけ、どす黒い雲の真ん中に真っ青な円盤が空きはじめたかと思うと、だんだんまぁるく空いてまるで鏡のようになったのです。

天の隙間から御垣内に光が射し込んできて、ちょうど白石の場所だけに陽が射しました。まさに、伊勢神宮の鏡！　僕は「あっ、このことか！」と安倍晴明がいった言葉の意味をすぐに理解しました。そして、この天の鏡は、御垣内特別参拝が終わった途端に閉じたのです。

伊勢神宮を参拝した翌週に、熱田神宮に行くことになっていたので、僕がこの身で熱田神宮に行って草薙ノ剣を触らせてもらえばいい、「これはありがたい」と思いながら無事伊勢でのご神事を終え、翌週、熱田神宮に向かいました。

知人のはからいで、熱田神宮の権宮司にお目にかかれるつもりで伺ったのですが、ちょうど権宮司が所用中のため、下の禰宜さんが対応してくださったのですが、そこでちょっとした行き違いがありました。

というのは、先方は僕一人が来ると思っていたようで、しかも、僕を含めて一緒に伺った人たちがみんな正装ではなく、僕はいつものラフな格好、そのとき僕に同行してくれた愛知県のベンチャー企業の社長さんも作業着のままだったことから、その禰宜さんに不信感を持たれてしまったのです。

事務の女性が、「お一人だと伺ってたんですが？」というので、「あ、そうなんですよ。知人たちと一緒に来てしまいました」と答え、応接室に通されたら、年配の禰宜さんらしき人が入ってきて、「すいません、権宮司は次の行事のために着替えをしてるときなんで、代わりにまず私がご用件を伺ってその後、権宮司が参ります」とのこと。

そこで、僕が方便でも使って上手に説明すればよかったのに、正直に全部話してしまったのです。

案の上、その奇想天外な話が受け入れられない真面目な普通の禰宜さんで、内心、「これはとんでもないのが来た」という感じだったのでしょう。草薙ノ剣を貸せ、貸すのが無理なら触らせろというわけなので、「はぁ？」となるのも当然といえば当然かもしれません。

「おわかりですか、私どもも神官でもご神体である草薙ノ剣など拝見したこともございません。そもそもそんなものではございません」などといいはじめ、「そもそも神社というものは……」とか「霊能力とはそんなものでもございません！」などとお説教が続きます。

いつも奇跡的に上手くいく僕の様子を目の当たりにしている同行の人たちも、「今日ばかりはこの熱田さんでは通用しないぞ。これは諦めなきゃいけないな」と思っていたようです。僕も「もうこりゃダメだ、せっかく紹介していただいたけれど、もはやここまでか」と諦めかけていました。

ほら穴に隠されていた草薙ノ剣を浄化したら光の矢が飛んできた

そうしたら、その瞬間、ドアがスーッと開いて、別の若い神官が入ってきて、その年配の禰宜さんに「御垣内参拝の……」と何か耳打ちをしたかと思うと、禰宜さんが「えっ⁉」と表情が一変。

禰宜さんの態度が変わって、丁寧に説明をしてくれたのが、権宮司様が自分が着替えとかで会えなくて申し訳ないから、せめて御垣内参拝をしてくださいとのことでした。

とはいえ、熱田神宮は、本来、一般人の御垣内参拝はしていないのだとか。熱田神宮ではお神楽を奉納して正式参拝になるそうで、伊勢神宮と違って神社関係者しか御垣内には入れないとの説明でした。

じゃあなぜ僕たちを入れたのかとよほど聞こうかと思ったのですが、取り消されても困るので、黙ったままお言葉に甘えることに……。周囲の人たちの怪訝な顔を尻目に、権宮司様のおかげで僕たちは御垣内に入れることになりました。

ところが、そこで、全員とんでもない服だったことに気づきます。Tシャツや作業服に加え、一緒に来ていた若い女の子はミニスカートで、とても御垣内に入れる集団の衣装ではない。それでもなぜか中に入れていただくことができ、他の一般の参拝者たちもとても奇異な目で僕たちを見ていました。

しかも、後になって、参拝時にビタ一文納めていないことに気づいて、しまったと思ったものの後の祭り。普通なら、御垣内参拝では相応の幣帛《へいはく》をお納めするもの。ところが、応接室ですったもんだしている間に「こちらにどうぞ」と通されたので、何も正式参拝の手続きをせず、どこの馬の骨かもわからない六人がとんでもない衣装のままなぜか御垣内に連れて行かれて参拝ができ、気がついたら幣帛も出していなかった……。

あり得ないことの連続は、やはり隠遁者様の陰のお力なのでしょう。

とはいえ、熱田神宮を訪れた本来の目的は、草薙ノ剣です。

そこで、以前熱田神宮を訪れたとき、本殿の裏に洞穴のような場所があったことをふと想い出しました。「ここは不思議な場所だなぁ」と思ったのを想い出し、御垣内から出た後、「あっ、そうか！　草薙ノ剣はあそこに奉納して隠してあるんだ」と直感したのです。

みんなでその場所に行ってみたところ、案の定、ほら穴があって、他にはどこにも警備員はいないのに、そのほら穴を見通せるところにだけ警備員の詰め所があって、そこから警備員が僕たちの様子をずっと見ています。

そこは本殿の裏の禁足地。他の場所にはしめ縄があって、ちゃんと説明が書かれているのに、そこだけはしめ縄のみで、何も説明はありません。

みんなに「ここが草薙ノ剣の場所だと思うんだ」といったら、同行してくれていた伯家神道の巫女様も「ここです」と教えてくださり、穴の中からわずかに風が吹いてくるのがわかりました。

「じゃあ、ここで伊勢神宮でいただいた天照大神様の光が中に射しこめるように、簡単な祝詞を奏上させていただきます」といって、巫女様も後ろについてくれて一緒に祝詞を奏上。

無事にひととおり終わり、「たぶんこれでうまくいったかな」とつぶやいたら、巫女様が、僕の祝詞の途中に何本も光の矢が飛んできて、そのうち三本が僕に刺さったままですと報告してくれました。

（僕）「えっ、刺さったままなの？」
（巫女様）「はい、今も光ってます」
（僕）「その光ってる矢、三本が草薙ノ剣の代わりになるのかな」
（巫女様）「おそらくそうでしょう」

こうして、無事、伊勢神宮の光の鏡で浄化した草薙ノ剣を、僕の身体の中に納めることができました。

上五島の朽ちた教会跡からいただいてきた隠遁者様と関係の深い十字架

光の後は、いよいよ十字架ですが、実はすでに十字架は用意していました。

隠遁者様の十字架

熱田神宮に向かう前、これまでの顛末を僕の大学の教え子の女性にしたところ、「隠遁者様の命令なんだから、きっと隠遁者様に関わるものですよ。先生の家に置いてあるあの十字架と違うんですか⁉」といってくれ、僕はそこでハタと気づきました。

その女性は好奇心旺盛な子で、いつも僕のご神事に同行してくれていて、麻布の茶坊主さんからもお墨付きを得ている女性です。

僕が岡山の家に持ってきていたその十字架は、隠遁者様に関わるもので、前述した五島列島の福崎という島の島民が造って台風で崩れ落ちた教会の屋根に取り付けられていたものです。そのときの台風で十字架が落ちたのですが、他の木材はもう数十年も経ってるため腐っていたものの、十字架だけは木の表面を銅板で覆っていたため腐らずにそのままの状態。僕がその十字架をいただいてきたのは、かれこれ20年ほど前のことです。

当時、僕が門人たちと一緒に上五島まで行って、そのときに教会跡を案内されたのですが、建物は朽ちた中で、十字架だけがポツンと残っていました。それを見た僕は、「これはいかん。ここで朽ち果てさせたらいけない。これは隠遁者様のおしるしだ」と思い、岡山の自宅まで運ぶことにしたのです。

十字架は、成人の身長ほどの大きさでした。幸い、門人の一人が鳥取から軽トラックで来ていたので、元自衛官の彼がそれを担いでくれて軽トラックに乗せました。そうしたら、その様子を地元の人たちが不審そうに見ていたので、案内してくれた市役所の人が、「この方は隠遁者様の最後のお弟子さんで、これを保存するためだから」と説明してくださり、何とか無事に船に積んで持ち帰ることができたのです。

その十字架は、わが家の入口のところに置いてあり、その女性が「きっと隠遁者様からの話なら、光の十字架はこれに違いない」というので、伊勢と熱田神宮に行く前に、「これも持って行こう」と予め車に積んでおいたのです。

車は熱田神宮の駐車場に停めてあり、ご神事が終わったのでまた駐車場に戻って、車で東京に向かおうとしたのですが、そのときに不思議な現象が起きました。

熱田神宮から東京の白金のマンションまでをカーナビにセットして、そのとおりに動き始めたのですが、そうしたら途中からカーナビが変な誘導をするようになり、道路標識に「東名右」と書いてあったのに、なぜかカーナビでは左になっていました。

でも知らない場所だからカーナビの指示どおりに行かないと、と思って、左に曲がったら、結局、左、左と熱田神宮の周囲を一周することに…。

それなら、初めから標識どおり右に行かせれば早かったのに、なぜか一周させられた。でも、一周したことでその理由がわかりました。実は、わざわざ遠回りして通ってきた場所は、草薙ノ剣のほら穴のすぐそばだったのです。

禁足地だったので、直にほら穴には行けなかったけれど、車で一周したおかげで、結果的にほら穴に一番近い所を通る形で、持参していた隠遁者様の十字架にほら穴からの草薙ノ剣の光を与えることができたのです。

かくて、ついに東京・日本が愛の生け贄の発信基地となった!!

晴れて光の十字架が完成!

東京に戻って、この光の十字架をどこに置けばよいか考えました。

一番いいのは斜め向かいにある駐車場の龍穴なので、本当はその真ん中に建てたいのですが、他人の所有地。幸いにして、僕の部屋がその龍穴の中に引っかかっていたので、5階の事務室のベランダに置くことにしました。

この龍穴のレイラインは皇居を向いていることから、この光の十字架により、当地から愛の生け贄のシンボルとしての霊的な光が首都東京にもたらされることを信じて…。

それを第三者の証言によって確認するのに、さほど時間はかかりませんでした。

熱田神宮から帰ってきて、しばらくしてから、岡崎市に住んでいる霊能力のある女性から再び連絡があったのです。

「東京の皇居と東京タワーを結ぶレイラインの延長線上に、陰陽師の技ができる人が住むことで東京の陰陽のバランスが保たれる」といっていた例の彼女です。

ベランダに収まった隠遁者様の十字架

でも、その女性には、今回の光の十字架の話はしていません。ところが、東京に戻ってからしばらくしてから、この度のことを「無事に光の十字架が所定の場所に収まりましたね」と連絡してきてくれたのです。

そこで、僕は改めて「あぁ、じゃあ、やっぱりここでよかったんだ‼」と、ほっとした次第です。

これらのことから、もうおわかりかと思いますが、僕が白金に住むようになったのは、東京における陰陽師としての働きに加えて、イエス様やエスタニスラウ神父様の霊統を引き継いで光の十字架を打ち建てるというお役目があったということです。

亡き隠遁者様が突然、僕の前に現れて、僕に依頼して、イエス・キリストも隠遁者様もできなかったことを、なぜか僕ができて、無事に東京も日本もおさまるということになり、白金のこの場所が、ついにエスタニスラウ神父様の愛の生け贄の発信基地になった。

これは、僕自身にとってもまさに奇跡的な出来事ですが、これでもう、日本は愛の生け贄のシンボル、聖地として成立したということです。

2000年前にイエス・キリストが成そうとして成し遂げられなかった、そして40年前に隠遁者様さえも成し遂げることができなかったことが、2018年の春、平成の最後の年の一年前に晴れて完成できたのは、すべて形而上学的素領域理論（脚注）に基づく完全調和の世界、すなわち神様の働きのおかげだと思うと感謝の念にたえません。

東京に引っ越してきてわずか1年後、平成30（2018）年3月に光の十字架を打ち建てるという大それたことができたことで、僕は自分でも心底驚き、これでもう僕のお役目は終わったと思っていました。後はのんびり暮らそう……と。

ところが、神様は、僕を霊的に引退させることはまだなさらなかったのです。

（脚注）形而上学的素領域理論とは？
日本人初のノーベル賞を受賞した理論物理学者湯川秀樹博士の素領域理論を発展的に継

承した著者独自の理論。「完全な対称性を持つまったく動き（変化）のない完全調和の世界が、自発的対称性の破れによって物質のひな型となる素領域という多次元の最小空間を発生させ、そのうち3次元の素領域という空間の最小構成要素の中にそれぞれ対応する素粒子が集まる」とするのがその骨子。著者はこの仮説がさらに「あの世」や「霊性」といった形而上の領域にも適応可能であると考えることから、湯川博士の素領域理論に対して、形而上学的素領域理論と命名した。

第3章

モンゴル黒魔術団の呪いを無効にするためのご神事

またもや届けられた神様からの伝言

光の十字架を建てたことで、愛の生け贄としての日本の霊的復興を信じつつ、僕はのんびり暮らしながら時折依頼のある講演会に出かけていった先で、またもや神様からの働きかけがありました。

僕の講演を聴きに来られた参加者の中で、50歳代の男性が講演後、僕に近づいてきて、「この手紙を読んでやってもらえませんか」と一通の手紙を手渡してきました。

よくあることなので、「またか」と思って受け取り、仕方ないからその手紙をポケットに入れて、白金の部屋に帰ってから開けてみました。

すると、その手紙には、男性の知人の霊能力のある女性が受けたメッセージが書かれていて、次のような主旨が述べられていたのです。

「私は時々神様の声が聞こえます。その神様の声によると、平成30年（２０１８年）の8月11日に日本ですごい災害が起きるようにモンゴルに秘密の黒魔術団が集まって、しきりに悪い祈りを向けています。それを無効にするために、水晶を気仙沼に8月11日までに沈

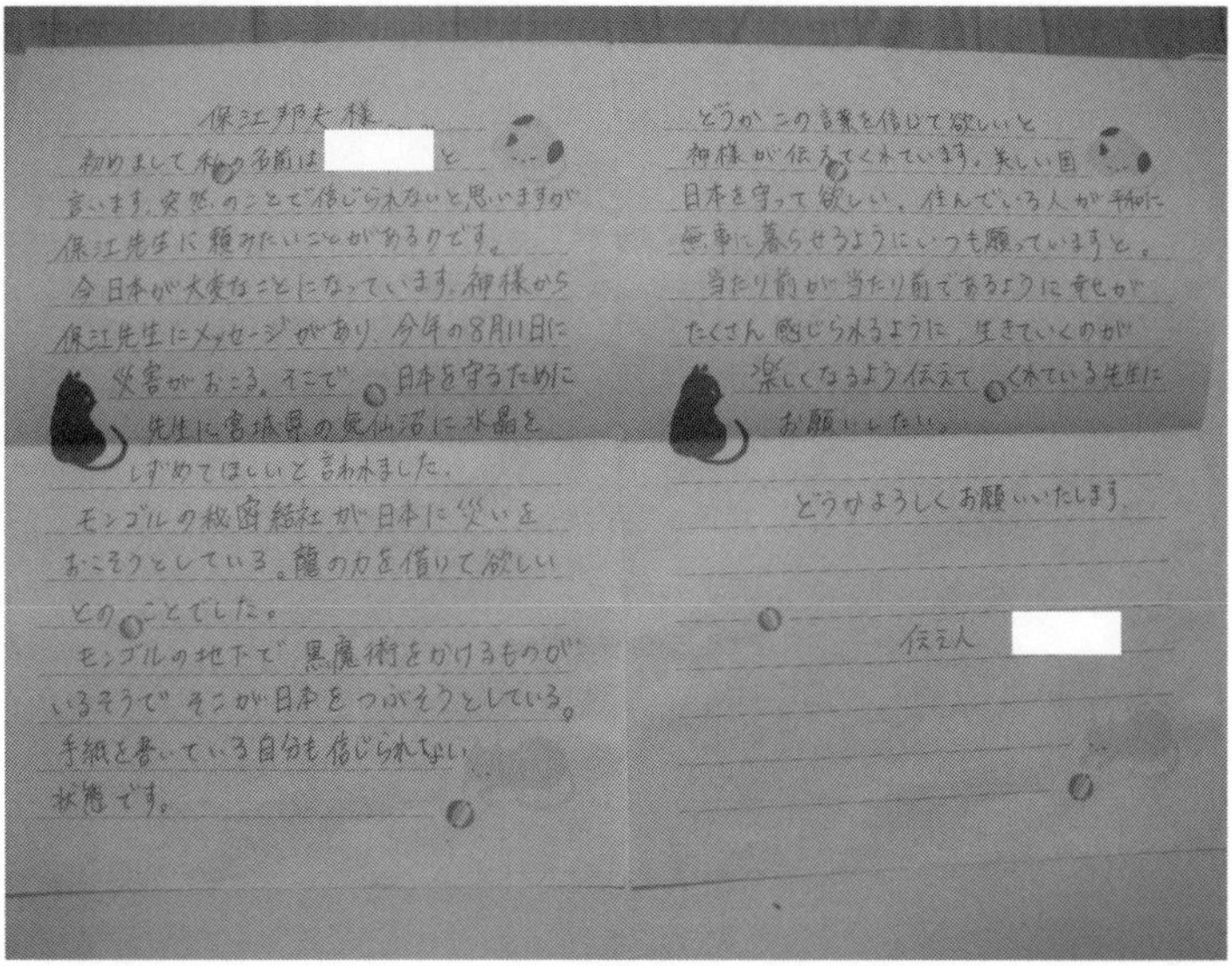

保江邦夫様

初めまして私の名前は[redacted]と
言います。突然のことで信じられないと思いますが
保江先生に頼みたいことがあるのです。
今日本が大変なことになっています。神様から
保江先生にメッセージがあり、今年の8月11日に
災害がおこる。そこで日本を守るために
先生に宮城県の気仙沼に水晶を
しずめてほしいと言われました。
モンゴルの秘密結社が日本に災いを
おこそうとしている。龍の力を借りて欲しい
とのことでした。
モンゴルの地下で黒魔術をかけるものが
いるそうでそこが日本をつぶそうとしている。
手紙を書いている自分も信じられない
状態です。

どうかこの言葉を信じて欲しいと
神様が伝えてくれています。美しい国
日本を守って欲しい。住んでいる人が平和に
無事に暮らせるようにいつも願っていますと。
当たり前が当たり前であるように幸せが
たくさん感じられるように、生きていくのが
楽しくなるよう伝えてくれている先生に
お願いしたい。

どうかよろしくお願いいたします。

伝え人[redacted]

手紙

めてください。龍のお力を借りて日本を救ってください。神様があなたに依頼されています」

にわかには信じられない内容ですが、僕には信じざるを得ないような状況がありました。

というのは、光の十字架を建てるために伊勢神宮や熱田神宮に行ったりして疲れがたまっていたので、中医学の学校の女性校長先生から「少し身体のケアをされてはいかがですか。水晶でも身につけられたらいかがですか」と勧められて、そういえば3年くらい前にもらったピラミッド型の水晶があったことを想い出して、引き出しに入れっぱなしにしていた

水晶を出してきて自分のポシェットに入れて持ち歩き始めた、ちょうどその日にその手紙を受け取ったからです。

水晶を気仙沼に沈めてくれと書いてあったので、僕にとって水晶はこれしかない。「じゃあ、これを沈めるってことか」と思ったものの、いつ気仙沼に行くかは決めかねていました。

そうしたら、矢作直樹《やはぎなおき》先生から久しぶりに連絡があって、「会津の猪苗代湖の手前の天栄村というところにピラミッドがあります。一緒にそこに行きませんか」といってきました。僕が「そんなとこにピラミッドなんてあるの？」と聞いたら、彼が一度その村に行って、写真撮影してきたものを見せながら、説明をしてくれました。

今では里山にしか見えないけれど、これは縄文時代のピラミッドで、登っていくと途中に大きな直方体の岩が転がっていて、明らかにその巨石が積み重なってできている。それを見せられたので、「本当なんだ」と思って、「じゃあ行きます」となって、決まったのが7月の28、29日でした。

地図で福島県猪苗代湖の近くを見たら、もう少し北に行けば宮城県の気仙沼。「じゃあ、矢作先生と天栄村のピラミッド探検に行く前か後なら気仙沼に行けるな」と思い、水晶を持参して気仙沼まで足を延ばすことにしたのです。

東北道を通るつもりが、なぜか常磐道で福島の原発横を通るはめに

気仙沼といっても、広いので、どこに水晶を投げたらよいのかと地図をじーっと拡大して見てたら、気仙沼湾の真ん中に大島という島があり、大島の一番外洋側に龍舞崎《たつまいざき》がありました。

しかも、手紙には「龍のお力を借りて日本を救ってください」と書いてあった。なので、水晶を投げ込む龍の力を借りられる場所とは、この龍舞崎に違いない。

というわけで、気仙沼湾の真ん中の大島に渡って龍舞崎まで行き、そこから水晶を投げようと計画を立てました。

そのときは他の仕事との兼ね合いがあったので、福島の天栄村に行く前に、先に気仙沼に行くことにしました。気仙沼に行くのは初めてで、普通なら車で東北自動車道を行くはず。ところが、またもやカーナビが変な動作をして、僕の車を常磐道へ向かわせようとします。

近所の首都高速から乗って、どういうわけか常磐道へ続くルートが表示されたので、「常磐道でも行けるんだろうな」と思い、カーナビにしたがって車を走らせました。

やがて、常磐道は福島第一原発のそばを通っていることに気づき、その間、所々に線量計が備わっていて、それを見てみると、原発に近づくにつれて数値が上がっていくのがわかりました。

「危ないからこんなところ早く遠ざからないと…」と思いつつ、第一原発を横目にしながら、一気に突っ走り、結局、その日の夕方に気仙沼に到着。7月の末だったので周囲はまだ明るく、気仙沼湾の手前まで行ったものの、そこから先はまだ橋がなく、あと一年で完成するとのこと。

大島まではフェリーで行くしかなく、フェリーは1時間に一本くらいしかない。でも、フェリー乗り場は気仙沼港にあるから、そこまではまだ1時間ほどかかる。「これは今日は無理だな」と思ったものの、そのとき一瞬、僕の頭の中で悪魔がささやきました。

「大島の龍舞崎から海に投げるのも、はるか本州側から投げても、同じやん。

それなら、今、自分が走ってるところからすぐそばだから、ちょうどいいや」と。

それで、カーナビ自体は気仙沼港に向かっていたものの、近場の海岸のほうに行ってみ

龍の松

ました。

　すると、そこは津波で押し寄せたがれきなどを積み上げた場所で、それが3階建てのビルくらいの高さまで積み上げられています。まるで「死の街」のように臭いが残っていて、「これホントに海岸に出られるのかな」と思いつつ、車を走らせます。

　やっと海岸に着いたら、そこは県の処理場で、その駐車場に入れさせてもらって、そこから歩いて海辺まで行きました。海中に投げられそうな場所まで歩いていったら、見るとそこは崖。

　しかも、崖の上には龍がいたのです。「なんだあれは？」と思って近づいてみたら、本当に龍の形をした松でした。後で調べてみたら、その岩井崎という所の龍の松には次のような謂われがありました。

「岩井崎の先端部に立つ龍（辰）の形をした松は、東日本大震災の津波によって幹や枝などが被害を受けたものの、一部が奇跡的に残ったことで姿を現したものです。高さ約2.5メートル、幹周り約1.7メートルで、大きく曲がった幹と折れた枝が、まるで龍が昇る姿に見えることから「龍の松」と名付けられました。その後大震災から時が経ち、傷みが激しく一時は枯死状態となりましたが、復興のシンボルとして長く保存するための加工が施され、平成28年に現地に設置されました」

岩井崎の先端に立つ龍に見守られながら命がけのご神事を遂行

まさに龍が舞っているような姿です。「よし、ここだ！」と思ったものの、崖から少し降りたところで水晶を投げないと海に達しないことがわかりました。

下に降りられないように柵がしてあったものの、松のところだけ柵が壊れていたので、「ここから降りていいってことだな」と思い、危険を承知で恐る恐る崖を降りました。

「ここから投げれば絶対海に届く」というところまで降りていったのですが、まさに命が

水晶を海に向かって投げた瞬間

黒く盛り上がった海面

け。足元も危ない状況です。幸い、水晶がピラミッド型だったので風に乗れば絶対遠くまでいけると思って、投げ入れるタイミングを待っていました。
そうしたら、急に目の前の海が黒くなって盛り上がったのです。一瞬、「何だ⁉」と思ったものの、とにかくこのタイミング逃したら取ってもらえないかもしれないと思って、手に持っていた水晶をビューンと投げました。
すると、見事にその黒く盛り上がった海面にポチャンと落ちたのが確認でき、と同時に、水晶が落ちた途端、盛り上がった海面が今度はスーッと下がっていったのです。
「今のはなんだったんだろうなぁ」とふっと真上をみたら、龍の形をした白い雲が出ていました。どことなく、安堵したような表情に見えました。「ここ

力士像が指差す龍の松

力士像

でよかったんだ」と思いながら崖を上がったら、龍の松の説明文が目に入りました。

それによると、この辺りにあった宮城県立の工業高校の生徒さんが、3・11の津波で被災して亡くなられたそうで、崖なので遺体が上げられていないとのこと。

「あぁ、だから一度も捜索されてないこの場所で水晶を投げることになったのか。だからあのとき海が盛り上がったのも、たぶん御霊が喜んでくださって、海面が下がったのも御霊が天に昇ったのかな」と、今回のご神事は彼らの慰霊も兼ねていたことを理解した次第です。

水晶を気仙沼（岩井崎）の海に投げ入れるお役目を無事果たせたという確信を得た

後、ふっと後ろをみたら銅像があったので、なんだろうと思って近づいていくと、江戸時代の気仙沼出身の横綱で、秀ノ山雷五郎《ひでのやまらいごろう》という力士の像でした。

その像は3・11前から立っていたもので、この地元の力士像と龍の松だけが残っていて、他は全部津波で流されてしまったことを思うと、「確かに、龍の力を借りられたからこそ、うまくいったんだろう」と納得できました。

その後、気仙沼を後にして、天栄村に向かいました。そうしたら、そのときの台風が観測史上初めて東から西に向かって進んでいたために、結果的に、天栄村に先に行かなかったことで、気仙沼にたどり着けたことがわかりました。

しかも、その台風の経路が龍の松の形そっくりだったのです。その龍の台風が西に行ってくれたから、水晶を投げられたわけで、もし東に向かってきていたら大雨でとても投げられるような状況ではなかったのです。

僕は「これは気仙沼の龍が台風を押し返してくれたのかもしれない」と心の中でつぶやきました。

そんなこともあり、僕と矢作先生が合流した日は、台風の影響で土砂降りの大雨。ピラミッド登山もなし。結局、僕は、気仙沼に行くためだけに矢作先生から誘いがきたということを理解したのです。

黒魔術団の呪いを祓うご神事が成就したことを裏づける予知夢

ここまでが7月末の話。神様からの伝言が書かれた手紙には、「日本に大きな災害が起きる8月11日までに」とのことだったので、8月11日の午前中、「大丈夫かな、これで本当に何も起きないかな」と思っていたら、午後3時頃に手紙を渡してくれた男の人が、その時間、神戸にいた僕のところにわざわざ報告に来てくれました。

僕は、あなたがくれた手紙の内容どおりにしましたよ、などとは一切告げていないにもかかわらず、彼はこういったのです。「あの女性のところにまた神様から伝言があって、先生が無事気仙沼に水晶を沈めてくださったために黒魔術の一団の悪さは消えました、とのことです」と。

これで一件落着、なのですが、実はその旅の帰路、僕は今回のご神事を裏づけるような証言者とも遭遇していました。

天栄村から帰る途中、僕は群馬県の高崎市に立ち寄りました。高崎にいる知人が「どうしても会わせたい人物がいるから来てくれないか」というので、そのタイミングで行こうと思って、帰りに高崎に寄り道をしたのです。

そうしたら、その会ってほしいという人物は、ＮＡＳＡとも取引をしている先進的な電子機器を作っている会社の女性社長さんでした。彼女は、アメリカのデンバーにある大学に留学していたときに、デンバー近くにあるアメリカ空軍の基地から発進した戦闘機がＵＦＯに追いかけられる場面をしょっちゅう見ていたそうです。

それで興味を持って、航空宇宙関係の仕事に就いて、今はＮＡＳＡに部品を納めているとのことでした。その彼女が、群馬にいる僕の知人に「この前、変な夢を見た」と告げていて、どうやらそれが僕と関係した内容だったことから、僕に引き合わせたのです。

彼女の話によると、最初、夢に茂木健一郎《もぎけんいちろう》らしき人物が出てきたそうです。

その茂木健一郎らしき人物が、平安装束で出てきて、お屋敷でいろいろなことを見せてくれる。その中で、自分（彼女）は母親の龍になって空を飛んでいた。そうしたら、茂木健一郎らしき人物が水に向かって石を投げた。すると、自分の子どもの龍が渦を巻くように集まってきて、とても喜んでいる、という夢だったといいます。

その話を聞いた僕の知人が、「茂木健一郎はおかしいな。知り合いに保江邦夫というこんな人がいるけど、もしかしたらこの人じゃない⁉」と、僕の写真を見せたら「あっ、この人だ！」と夢の中の人物が僕であったことが判明したそうです。たぶん、特徴的な頭髪が印象に残っていたのでしょう。

それで僕に会いたくなって、その夢のことを知らせたかったというわけです。僕がその女性社長さんに会って話を聞き、「ちょっと待てよ、それは…」と彼女が見た夢と、僕が気仙沼で行ったご神事がピタッと重なりました。

平安装束のその茂木健一郎と思われた人物は僕。僕が石を水に向かって投げたことで、子どもの龍がたくさん集まって喜んだというのは、気仙沼の海面が一瞬盛り上がり、水晶を投げ入れたことで海面が下がったことを指していて、それは工業高校の生徒さんたちの魂の喜びに違いない。

そして、そのときに上から見ていた母親の龍とは、まさに上空に現れた龍の形をした白い雲だろう、と。

僕が彼女に「いつその夢を見たのですか？」と聞いたら「二週間くらい前」とのこと。ということは、僕が気仙沼に行く前。僕が気仙沼で水晶を投げ入れることなど知らない段階で、彼女はそんな夢を見て、僕は気仙沼で投げた二日後に高崎に立ち寄ってその話を聞いたことになります。

つまり、彼女が見たのは、黒魔術団の呪いを祓うご神事が成就したことを裏づけるような予知夢。なので僕は、今回のご神事がうまくいったという確信が余計に持てていたのです。

反キリスト者からの接触で、愛の生け贄として働くことの重要さを再認識

ところで、ＮＡＳＡとも取引しているような女性社長が、なぜそんな夢を見たのか？

そのとき、僕は何気なく、彼女の指元に目を向けました。すると、彼女の指にはイルミナティの会員だけが所有しているオリジナルの指輪がはめられていたのです。本物を見たのはそのときが初めてでしたが、特徴的なシンボルマークがはっきりと確認できました。

アメリカに留学し、デンバーに住んでいてＮＡＳＡとも取引ができる女性社長なら、正規のイルミナティメンバーであっても不思議ではないでしょう。

わざわざその組織が僕を呼び出して、ご丁寧にその夢の話をしてくれたのは、「我々はあなたの動きをすべて見ていて、お手並みを拝見してますよ」という意味にも解釈できま

気仙沼の海に投げ入れたピラミッド型水晶

す。

だとしたら、黒魔術を使って日本を陥れようとしているモンゴルに集った秘密結社の正体は、ひょっとしてイルミナティだったのかなと思います。

あえてそれがわかる指輪をしてきて、わざとそれを僕に見せながら夢の話をして、「あのときお前が邪魔したことも当然お見通しだよ」と、暗に僕に伝えるために……。

よくイルミナティは人工地震や巨大台風で日本を攻撃しているともいわれますが、彼らは、イエス・キリストが本当に伝えたかった真実が明らかになるのを邪魔する、反キリスト者。だから、僕がやることをことごとく邪魔をしているのかもしれません。

ドクタードルフィンの診察室にあったのと同じピラミッド型水晶が光った

反キリスト者からの接触によって、僕は、愛の生け贄として働くことの重要さを再認識した次第です。

ちなみに、僕ととても魂の縁が深い医師の一人に、ドクタードルフィンと呼ばれている松《まつ》久《ひさ》正《ただし》先生がいて、僕が気仙沼の海に投げ入れた水晶は、ドクタードルフィンの診察室に置いてあった水晶と同じものでした。

たまたまですが、以前、それを見てびっくりしました。初めて彼と会ったときに、彼の診察室のちょうど後ろの鳥居の置物上にそれが置いてあって、そのうち彼が「今度ピラミッドに行くんですよ」と話をし始めたら、そのピラミッド型の水晶が光ったのです。

それまでは光っていなかったし、外はどんより曇っている。なのに、ピラミッドの話をした途端、なぜかキラキラと光ったのです。

このことからも、ピラミッド型の水晶は、持ち主の思いや祈りと響きあっていることがわかりますが、このピラミッド型水晶も愛の生け贄の民として動く上で、心強いサポート役の一つなのかもしれません。

思いがけない神様からのご褒美によって禁酒に成功！

気仙沼での命がけのご神事を終えたことで、「神様から何かご褒美ないのかなぁ」と思っていたら、まったく予想外のご褒美をいただくことになりました。

それは、同じ年（2018年）の9月のこと。スイス時代の僕の教え子でジュネーブ大学の教授になっている男性が、名古屋大学で開かれる国際会議に出席するため、9月5日の午後に関西空港に着陸する便で来るので、僕が彼を迎えにいく予定になっていました。

ところが、その日、どうやら巨大な台風が関空を直撃しそうだというので、彼に電話して、「たぶんその日着陸できないことになって、よその空港に回されることになるから、どうせなら名古屋かどっかの便に変えられないの」と伝えたら、「変えられるよ」と予定を変更することに。

それで、関空に行かずにすんだので、予定が一日空いたことから、前々から行きたかった石川県羽咋市にあるＵＦＯ博物館（「宇宙科学博物館コスモアイル羽咋」）に行くことにしました。

世界のＵＦＯ関連の資料が閲覧できる博物館を堪能した後、金沢で一泊したのですが、台風が直撃。駅前の高層ビルのホテルで、26階だったためにすごくビルが揺れて、下を見下ろしていたら街中がどんどん停電していき、台風の底力を見せつけられる感じがしました。

翌日、スイスからやってくる彼を迎えにいくために、車で名古屋まで向かう予定でした。台風の影響を考えて、岐阜県の御嶽経由で名古屋まで行ける高速道路を利用することに。ところが、途中、関インターに近づくにつれて、なぜか急に背中がムズムズし始めます。

関インターを越えてまっすぐ行かないといけないはずなのに、自分の思考とは無関係に、関インターのところで急ハンドルを切って、インターを降りてしまったのです。

「頭はまっすぐ中部国際空港に行こうとしているのに、なんでこんなところで降りるの⁉」と自分でも思っていたら、以前、来たことがある場所だと記憶が甦りました。

その近くには霊能力で病気を治すおばあちゃんがいらっしゃって、「あの岐阜のおばあちゃんの近くだな、これはちょっとご挨拶していこう」と思って、アポなしで訪ねました。

そうしたら、そのおばあちゃんが診療所で待っていてくださって、僕が「突然来て、ごめんなさい」といったら、「待ってたわよ、あんたがそろそろ治療にこないと身体がダメになるのに、全然来ないし、仕方ないから最後の手段で神様にお願いしたのよ！　あんた来るように」というではありませんか。

僕が、急ハンドルを切って降りる予定のない関インターから急に降りて、岐阜のおばあちゃんの診療所の近くだと思って、ご無沙汰だから挨拶にだけ立ち寄ったら、そういわれてしまった……。

「これは神様からのご褒美⁉」そう思って、「治してください」とお願いしたら、「もう今日で最後だからね」と怒られ、「そんなこといわずに、これからもお願いしますよ」といったものの、それでも首を縦に振らないおばあちゃん。

（僕）「どうしたらいいんでしょうか？」

（おばあちゃん）「あんたみないに常にお酒を飲んでいる人はダメ」

（僕）「じゃあどうすればいいんですか、どうしたらまた治してくれるんですか？」

（おばあちゃん）「そろそろお酒くらい断らせていただきなさいよ。そしたら治してあげるわ」

　この日以来、僕はきっぱりお酒をやめることにしました。それが神様のご褒美かなと思えたからです。以来、９ヶ月間完全禁酒を続け、令和元（２０１９）年の６月頃からちょっとだけ戻しました。というのは、「断らせていただきなさいよ」ということだったので、断りたいときは断る。むしろ、断りたくないときは断らなくてよいと思えるようになったので、断りたくないときには飲み始めたのです。

　でも、そのおかげで体調はいいし、親しい人との会食やご神事の後の直会《なおらい》などでも以前のように楽しめるようになりました。やっぱり、何事もほどほどが一番！ですね。

第4章

日本が「神の国」と呼ばれる本当の理由と吉備真備の復活

日本特有の湿気は、実は「神様のご神気」だった!!

完全禁酒ができ、神様にご褒美をいただけたなと思っていた矢先、今度は、韓国旅行に行ったことで、なぜ日本が「神の国」といわれてきたのか、その理由を身をもって知ることができました。

平成30（２０１８）年11月、僕は韓国のソウルに旅行に行きました。そのときも台風がソウルを直撃したのですが、関空の方は無事だったので、まだ台風がソウルに到達する前に着陸できるとのことで飛行機は無事関空から飛び立っていきました。

正直いうと僕は韓国料理は苦手なのですが、そのときの旅の目的は、日本の天台宗と韓国の天台宗の友好目的の訪問団。だから、仕方なく参加させていただいた次第です。

かくて、久しぶりに韓国に渡ったのですが、僕はそこでハッとする体験をしました。

ソウルの金浦空港に着いて飛行機を降りたら、台風でかなりの雨が降り始めているのに、なぜか空気が乾いているのです。

しかも、乾いたような独特の臭いが漂っている。「なぜこんなに台風ですごい雨が降っているのに、乾いた臭いがするの⁉」と思って、金浦空港のターミナルビルからわざわざ外に出て、タクシー乗り場の近くまで行って確かめたのですが、ザンザン降りの雨が降っていても、やはり乾燥している。

念のため、他の人たちにも確認したら、「確かに乾いた臭いがする」とのこと。

このとき、これは韓国だけでなく、僕が訪れた他の国でも同じように乾いた臭いだったことを想い出し、もしかしたら日本だけが例外なのかもしれないと思ったのです。雨の多いフィリピンに行ったときもそうで、スコールが降って土砂降りでも、それでも乾燥していたのです。

このことは、帰路、日本に着いてからすぐに確認しました。韓国から日本に着いて飛行機のハッチが開いた瞬間、すぐに湿気がブワーッと迫ってきました。晴れていても湿気があって、韓国のような臭いはまったくしません。

それまで僕は、「日本は湿気が多いので嫌だな」と思っていたのですが、そこでふと気づいたのは、日本独特の湿気は単なる水分（H_2O）ではなく、神様の気配、つまり「神気」なのではないかということでした。

だとすると、日本列島全体が神様に包まれている。日本人が海外に出かけて、乾いた臭いを感じるのは、ふだん僕たちを包んでくれている神の気配が感じられないからに違いない、と。

昔から、日本列島全体が龍体だといわれてきたのも、日本という空間がまさに神そのものだからで、それゆえに「神国日本」と呼ばれてきたのではないかと思います。

湿気と思っていたのは、実は、神様のご神気。日本は神様に包まれているから、だから湿気を感じている。韓国を含む諸外国は、神様に包まれていない空間だから、日本のような湿気を感じない。

これこそ、日本が「神の国」と呼ばれる本当の理由です。

なぜ、日本がご神気に包まれているかについては、『願いをかなえる「縄文ゲート」の開き方』（ビオ・マガジン）で詳しく述べているので、ここでは割愛しますが、この世的な視点からすると、湿潤な気候と豊かな森、そして周囲を海に囲まれている日本特有の風土こそが、神様のご神気を保っている理由だと思います。

ソウル市内を歩いていたら、夢で見たことのある風景に遭遇

そして、実はこのときの韓国旅行でも、神様からの働きかけは続いていたのです。

韓国料理が好きになれない僕は、ソウルでもすぐに帰りたい気持ちで一杯だったのですが、でも団体行動なので別行動はできず、しかも、出されるものは韓国料理ばかり。心の中では「もうやめてー‼」と叫びながら、ほとんどそれらを口にせずに、ピーナッツばかりかじってごまかしていました。

それでも、最初の日は交流行事のあるお寺に行き、二日目もホテルから遠くにあるお寺の仏教美術館をはるばる見学に行きました。お寺から戻ると、夕食までに2時間ほどあったので、その間に外に出てみたら、商店街がちらっと見えたので、「何かまともな食べ物でも売ってるだろう」と、一緒に日本から来た旅行者のうち二人を誘って外出。

三人とも韓国料理ばかりで辟易していたので、自分たちが食べられそうなものを物色するつもりで外出したものの、どの店からもキムチの匂いがしてきて、どこに行っても韓国料理ばかり……。

仕方なく商店街をねり歩きながら、「これはもうないな」と諦めかけたとき、ふと視線の向こうの交差点の角に、屋号がフランス語で書かれたパン屋さんが目に入りました。

「たぶん、あそこならまともなものがあるよ」といいながら、三人で意気揚々と店に入り

夢に出てきたのと同じ街角の風景

ました。

入ってみると、フランス語は全然通じなくて、かろうじて英語がわかったので、ハムサンドウィッチやコーヒーなどを注文し、道路に面したテーブルでみんなで楽しく飲み食いしていました。

するとそのとき、僕は「あれ⁉ この風景、どこかで見たな」とデジャビュー（既視感）に包まれたのです。

それは、数ヶ月前に僕が夢で見た超リアルな場面で、僕たちが入ったお店の周辺は、僕が見た夢とまったく同じ場所だったのです。

夢の中では、東ヨーロッパのどこかのひなびたレンガ造りのビルの横に僕がいて、その周辺をさまよった挙句、レンガ造りのビルの向こう

夢に出ていた坂道

側にあった坂道を上っていきました。

でも、その場所は日本ではないし、僕が知っている西ヨーロッパでもアメリカでもない。まったく知らない雰囲気の場所でした。

それが数ヶ月前に夢で見ていた光景。なんとそれとまったく同じソウルの市街地に、僕たちはやってきたのです。

ことの経緯を他の二人に喋ったところ、「コーヒーを飲み終わったら、ぜひそのレンガ造りのビルの向こうにある坂道のほうまで行ってみよう」という話になりました。コーヒーを飲み終わって、夢の中で見覚えのある道を歩きながら、「この向こうに坂道があったんだよ」とそち

サムスン通り

らのほうに歩いていくと、本当に坂道があって、そこを上っていきました。

そうしたら、右側に小さな里山、その手前にキリスト教系の幼稚園があって、マリア様の像が見えました。さらにそのまま上がっていったら、左側が超高級住宅街、右側が里山になっていて、その超高級住宅街をずーっと降りていくと立派な塀が見えてきました。

外から見ると、家の中にはすごい暖炉が置かれていたり、見るからに資産家たちの家だとわかります。「セコム」と書いた警備員の詰め所が２００メートル置きぐらいにあって、中にいる警備員が、僕らをじっと見ています。

そのまま歩いていくと、ハングル・英語・カタカナ表示の道路名が書いてあって、カタカナを見ると「ヒュンダイ通り」「サムスン通り」と書かれていて、韓国の財閥ヒュンダイの会長一族やサムスンの会長一族がそこに住んでい

正門にあった校訓が彫られた自然石

ることが窺え、「やっぱりここは大金持ちエリアで、だからあんなに警備員がいたんだ」と納得。

その警備員の詰め所と詰め所の間に、小さな門があって、京畿高等学校裏門と書いてあり、そこにも警備員が二人立っていました。この「京畿」は中国で使われる漢字ではなく、日本で使われる漢字です。

さらにずっと歩いて行って、そろそろホテルに帰ろうと里山の裏を回っていったら、その高校の正門があって、そこにも日本の漢字が……。しかも大きな自然石に日本の漢字で校訓が彫られていて、門の塀の脇には「1978年度卒業生一同寄贈」とありました。

後でホテルで聞いたら、京畿高等学校はソウルで一番優秀なエリート校で、東京でいうと日比谷高校にあたるような公立高校とのこと。おそらく、日本が統治時代に開校したのだと思います。だから、韓国のエリートはその高校を出て、ソウル大学に行くのだそうです。

ホテルの近くの山のふもとには、ソウルで一番由緒ある奉恩寺があり、本堂の左側にはお釈迦様の巨大な立像があって、「ホテルの部屋から見たら、大きな大仏が立ってたよ」と旅行仲間の一人がいったので、みんなでその大仏を見にいくことにしました。

ご神事をした後に映っていた青い玉は、遣唐使として活躍した吉備真備だった

ところが、奉恩寺の本堂の前を横切ろうとしたとき、僕はなぜか気持ちが悪くなり、「ここはいかん、通らないほうがいい」と思って、同行の二人を強引に引っ張るようにして本堂右側から裏山に延びていた獣道の草むらをかき分けていきました。

そして、ちょうど本堂の真裏あたりで一番高い場所に出たのですが、そこには京幾高校の敷地との境を示す何本もの杭が針金で結ばれていました。

ちょうどその丘陵の中心部にあたるからなのか、そこに立った三人がともに後頭部から台風一過の真っ青な空へと突き抜けるかのような気の流れを感じたことから、「この寺の

お寺の正門

奥の院にあたる場所なのでは⁉」と直感。

そこで、急に「この場所にはなにかあるぞ！」と感じたので、そこで祝詞をあげ、またしばらく歩いて再びご神事をしてから、山を降りていきました。

こうしてやっと奉恩寺の大仏に辿り着き、大仏の前でお参りしてからホテルに戻りました。そして次の日、韓国最後の晩餐会が終わって、前の日に奉恩寺の奥の院まで行ったという噂を聞いた一人が「その奥の院までの行き方を教えてくださ い」と聞いてきたので、前日のメンバーと一緒にまた行くことにしました。

今度は、ホテルからすぐに奉恩寺の正門に入って、本堂の裏手の真っ暗な道を携帯の明かりを頼りに歩いていきました。ところが、それまでみん

不思議な青い玉の写真

赤く写った不思議な写真

な携帯がちゃんと動いていたのに、本堂の前を横切って裏に入った途端、なぜか急に携帯が動かなくなってしまったのです。

　画面は明るいけれど、操作ができないし、写真も撮れない状態。ほのかな明かりだけを頼りに歩いていき、前日の昼間に僕がご神事をした場所に行ってみんなでご神事をし、写真を撮りたいけれどみんな「動かないなぁ」と困っていたら、その中に一人ｉＰａｄを持っていた人がいて、ｉＰａｄでその場を写してくれました。

　ところが、その画面を見てみたら、写した瞬間だけ画面が真っ赤になり、何回やっても同じように真っ赤なものが写り込んでいたのです。誰かが「人がいるよ、ここに」と指差したので、その部分をよく見てみたら、肉眼では見えなかったけれど、確かに人らしき姿が写っていました。

僕は「やっぱり、ここはそういう場所か」と思わず納得した次第です。それからホテルに戻り、その日だけその場に一緒に行った彼が、前日に訪れたお寺で写した写真を僕に見せてくれたのですが、そこには、僕の上のほうに天から降りてきたような青い玉が写っていました。

「これ何かな？」と思った僕は、彼が例の愛知県の霊能力の女性の知り合いだったので、彼に頼んで、その女性に聞いてもらうことにしました。

彼が彼女にメールで写真を送って、「この青い玉、何に見える？」と聞いたところ、彼女からの返答は、日本人の「吉備真備《きびのまきび》」だとのこと。彼女には、青い装束をまとった吉備真備の姿が見えたというのです。

吉備真備は、奈良時代の学者で、遣唐使として唐で学び、低い身分でありながらも朝廷の中枢で大活躍した人物です。

平城京の大学で優秀さを認められた真備ら一行は、遣唐使としておよそ3ヶ月の旅を経て、当時世界最大級の都市であり、最新の文化が集まる唐の長安に留学します。

真備は、鬼を操り、空を飛ぶ妖術使いでもあったようで、彼が唐から持ち帰った文物や帰国後の業績等から、中国語はもちろん、儒教や律令制度、天文学、軍事学、音楽まで幅広くマスターしていたといわれています。

またその後も、非常に危険度の高い唐への渡航を二度も成し遂げ、延べ20年近くも唐で生活し、唐の高僧・鑑真《がんじん》を日本に招聘《しょうへい》するために尽力するとともに、日本の歴史の記録上では、帰国後は歴代の天皇に仕え、右大臣にまで出世した後、81歳で亡くなったとされています。

朝鮮半島で亡くなっていた吉備真備が、日本に帰りたくて僕に取り憑いた!?

霊能力のある女性の見立てによると、僕の上に写っていた青い玉はその吉備真備の霊だそうです。

「ということは、あのお寺で吉備真備が僕に降りてきた。でも、なぜ降りてきたんだろう?」

そう思いながら、ふり返ってみたら、そもそもその場所には僕が予知夢を見ていなかったら行かなかったし、またお寺の裏の獣道で撮った写真が赤い画面にならなかったら、青い玉が写っている写真を見せてもらうこともなかった…。

　ということは、やはり、吉備真備が僕に取り憑くために呼び寄せたのか⁉

　その場にいた日本のお坊さんたちは、真っ赤になったあの場所は、吉備真備の御陵じゃないだろうかといい出す始末。そこにいらっしゃった吉備真備の御霊を僕がお受けして、一緒に日本に帰る必要があるからだというのです。

「えっ、でも、そもそも吉備真備は日本で亡くなったのでは⁉」。僕は真備が朝鮮半島で亡くなっていたなんて知らなかったので、翌朝、朝食をとりながらそんな話をしていたら、京都のお坊さんが「そうです、朝鮮ですよ」と教えてくれました。

　そのお坊さんの話では、実際には史実とは違って、吉備真備は次のような経緯を辿ったとのことでした。

・吉備真備は、二回ではなく、計三回、中国（唐）に渡っていた。一回目に行って戻り、二回目に行ったときに鑑真和上をお連れして、三回目にも唐に渡り、唐の皇帝に「残ってくれ」といわれたけれど、それを断って日本に帰ろうとした。ところが、帰りの船が難破してしまった。

・船が難破して、朝鮮半島に漂着した。日本の歴史では、難破したところまでしか残っていない。でも実際は、朝鮮半島に漂着して、朝鮮の皇帝に仕えていた。
・結局、吉備真備は日本に帰国できずに、朝鮮で亡くなった。

吉備真備は、故郷の日本に帰れず、最終的に朝鮮の皇帝に仕え、当地で亡くなっていた。であれば、当然、現在のソウル近くの山に葬られているはず。しかも、僕たちが泊まっていたホテルの近くには、当時の朝鮮の皇帝の霊廟があって、僕が行った山はまさにその近くだったのです。

「それじゃあ、やっぱり可能性は高いな」、僕はそう納得せざるを得ませんでした。

吉備真備の出身は、吉備地方、つまり現在の岡山県。なので、「岡山にお戻りになりたいんだろう」と思って、僕は帰国後、吉備真備が住んでいた場所を調べて車でそこまで行きました。

ちょうどその頃、西日本を襲った豪雨（平成30〈2018〉年7月）の影響で岡山のそのあたりも浸水し、まだその被害が残っていた頃です。

ところが、吉備真備は、僕の身体から降りてくださる気配がありません。霊能者の女性に見てもらっても、「まだいます」と。「自分の生まれ故郷に帰りたかったわけではないのか。じゃあ、何のために憑いてきたんだろう」と、愛知県の女性をはじめ何人かの霊能力者に聞いてみたところ、みなさん同じことを話してくれました。

それは、平成から令和になる日本を守るため。とりわけ、霊的に日本を守るためには、日本の結界の外にいたら守ることができない。それゆえ、結界の中に入りたかった。

そのために、わざわざ僕が呼ばれて、結局、上手く戻れた、ということでした。

しかし、だからといって、いつまでも僕に憑いていられたら困るわけで……。

とはいえ、これには後日談があって、実は別の人からこんな証言を得ていたのです。

後日、知人の浄土真宗のご住職から、ユタのように霊を降ろすことができるおばあちゃんから聞いた話を教えてもらいました。

ご住職は、何かある度にそのおばあちゃんのところに聞きにいくそうで、あるとき、僕とご住職がとても気が合うのはなぜでしょうと聞いたら、「当たり前よ。和尚さんは前世で鑑真和上で、ヤスエさんは吉備真備だったから」といわれたというのです。

つまり、僕が前世で二度目に唐に行ったときに、お連れした鑑真和上がそのご住職だったので、だから二人は仲がいいのよ、と。

僕が韓国からお連れした吉備真備は、僕の前世でもあった⁉

いずれにしても、吉備真備の魂と僕の魂が望んでいるのは、日本の霊的防衛。そして、その裏では、愛の生け贄として生きる覚悟がある点において、完全に一致していることだけは間違いありません。

「ハトホル少年」からの伝言と吉備真備のその後

「吉備真備は今後どうなるのだろう」と思いながら数ヶ月が経ち、平成30（２０１８）年の暮れに、またもや神様からの働きかけがありました。

知りあいの福祉乗馬クラブの女性理事長から連絡があり、「ハトホル少年」から僕に伝言があるというのです。ハトホルというのは、古代エジプトの愛の女神様で、ハトホル少年とは、そのハトホルの神が身体に入っているという関西の中学生です。

乗馬クラブの理事長さんによると、僕が以前、ギザの大ピラミッドの王の間の中で姪を相手にハトホルの秘儀を行った際、邪魔が入って「これはうまくいかなかったかな」と半信半疑だったところ、ハトホルの神が、「失敗したと思っているけれど、ちゃんと上手く

ギザの大ピラミッド

いってるので、それをヤスエに知らしてやりなさい」と日本から僕と同じツアーでやってきていた初対面の女性に伝えてきたのです。

ハトホルの秘儀というのは、イエス様が若い頃にギザの大ピラミッドの王の間でマグダラのマリアと霊的に一体化した秘儀です。この秘儀は僕が継承させていただいた伯家神道の祝之神事のルーツであったことから、僕もその秘儀をやらせていただくためにギザの大ピラミッドを訪れたのです。

ところが、王の間に入って、姪を相手に霊的に一体化しようとした瞬間に、日本人ツアー客の中の男性が僕と姪の間に入ってきたので、僕はてっきり失敗したと思っていました。

すると、同じツアーに参加していた霊能力のある若い女性にハトホルの神が降りて、彼女が翌日、必死で僕を探し出して、秘儀は成功していたとわざわざ伝えにきてくれました。

そして今回、さらにハトホル神が宿っている少年から、はからずも僕が王の間で秘儀を行っていた様子をすべて見ていたという証言が得られたのです。

彼はそれまでずっと引きこもりで学校にも行かず、お母さんにもほとんど何もいわなかったのが、急に「僕はハトホルの神」といい出したそうです。

お母さんは、ついに息子さんは頭がおかしくなったと思った。でも彼は、僕がピラミッドの中で行っていた秘儀の一部始終を細かなところまで母親に語ったことから、お母さんは半信半疑でその話を友達に伝えたところ、幸いその友達が僕の本『伯家神道の祝之神事を授かった僕がなぜ ハトホルの秘儀inギザの大ピラミッド』(ヒカルランド)を読んだ人だったことから、「この本にそれと同じこと書いてあるわよ」と教えてくれたそうなのです。

彼のお母さんは、そこで初めて自分の息子さんを信じられるようになり、福祉乗馬クラブの理事長さんを介して、ハトホル少年からの伝言を僕に伝えてきてくれたというわけです。

ハトホルの秘儀は成就していて、次元転移が可能になり、愛の光は確かに放たれていると！

これは、神様は「お前のやったことはすべて見ている」という証し……。

このことで、僕は、吉備真備の思いがストンと理解できました。

時が来れば、必ず必要な人と出会って、事が成就する。なので、共に霊的な力で日本を守ろうと。ということは、もう僕のところにいなくても、吉備真備は日本中を自由に飛び回ればいいんだと。

そう僕が理解できた途端、見える人から、「よかったね、吉備真備はもういないよ」といわれるようになりました。

彼は、今、日本を霊的に守るために飛び回っているに違いありません。

これも、そもそも僕が望んだわけでもなく、ただ流れに身を任せて動いたら夢に見たものがそこにあったので、それを追いかけていったら結局そうなっていったということです。

これを僕は「神様への全託」と呼んでいるのですが、自分がああしたい・こうしたいというのではなく、今、目の前にあるものに真心で接しながら、完全調和の神様に委ねていく……。

古代の縄文人、かつての日本人がそうしていたように、「間《ま》」と呼ばれる完全調和（神様）に素直に委ねていくことが、結果的に、愛の生け贄となる美しい生き方につながるのだと思います。

第5章

令和の幕開けと日本の大難を防ぐご神事

「今空海」の異名を持つ中村公隆和尚の予言

前章までは、主に昨年（平成30〈2018〉年）までに起きたことを中心にお伝えしました。

令和元（二〇一九）年5月1日、天皇の御譲位によって無事「令和」の時代に入ったわけですが、その前年の平成30（2019）年からずっと気になっていたことがありました。それは、その年の10月頃から、神戸市北区にある鏑射寺《かぶらいじ》の中村公隆和尚様がある預言をなさっていたことです。

中村和尚は、「今空海」と称される真言密教の高僧で、聖徳太子の生母にゆかりのある由緒正しいお寺で、長い間荒れ果てていた鏑射寺を復興され、それ以来、全国から中村和尚の話を聞きにくる人が絶えないほど大変な法力とご人徳のある方です。

とりわけ、有名なエピソードとしては、米ソ対立の冷戦時代、旧ソビエト連邦の最新鋭戦闘機ミグ25の構造を調べるために、中村和尚がアメリカ政府に頼まれて加持祈祷を行い、その結果、パイロットごとミグ25戦闘機を日本に呼んでしまったという話があります。

当時、アメリカにはＦ４ファントムⅡという戦闘機、ソ連にはミグ25という最新の戦闘機があり、ファントムよりもミグのほうが速かったため、ミグの情報を手に入れたかったアメリカは日本の外務省に有力な情報を入手するように依頼しました。

このとき、外務省の会議に参加していた人の中に、中村和尚のことを知っている人がいて、会議の途中で中村和尚に相談の電話を入れたところ、「そりゃ、ミグを日本に呼んでしまえばよいでしょうが」と答え、「一週間時間をください。一週間もあれば大丈夫でしょう」といって、アメリカ政府からの依頼を承諾。

その一週間後、なんと、一人のソ連兵が亡命を願って、ミグ戦闘機に乗って北海道に飛来したのです。こうしてミグ25の最速の秘密は暴かれ、その結果、アメリカも技術的な遅れを取り戻すことができたのです。

中村和尚による加持祈祷（護摩焚き）の力が、一日の誤差も生まずにミグ25戦闘機を日本に呼び寄せるというあり得ない現象をもたらしたのです（詳しい経緯は次章で後述）。

そのような霊力を持つ中村和尚の予言とは、「関西ですごい大地震が起きて、梅田の界隈も津波で浸水する。大打撃を受け、その間に中国が侵略してくる。その結果、関西や西日本は、全部中国に盗られてしまう」というものでした。

当然ながら、誰もが心配するとともに、他の方々も同じことをいっていました。でも、僕はそれを聞いた時点では、「そこまではないだろう」とあまり気には留めていませんでした。

ところが、令和元年の7月頃に、「そういえば中村和尚のあの予言は、今年（令和元〈2019〉年）の9月末だったから、もうじきだな」と急に想い出されて、「あれはどうなったんだろう」と何人か中村和尚様に親しい人に聞いたところ、「もちろん、未だに中村公隆和尚様は護摩を焚いて、それをくい止めるようにがんばってらっしゃる」とのことでした。

他の方々も努力なさっていると聞いて、「じゃあ、いいんだな」と思って安心していたら、それまでに僕が体験したことのないような感覚を覚えたのです。

僕自身は、それまで一度も直接神様が何かお言葉を伝えてくるということはありませんでした。身体が自然に動くことはあったのですが、声として聞こえるということはなくて、他の女性が神様の声を聞いて、それを僕に伝えてくれるという形です。

僕が初めて直接神様から受けた啓示、それは……「白山・天橋立・サムハラ」

僕の頭の中に、声という感じではないのですが、神様からの啓示のようなものが確信としてふっと生まれたのです。

それまで何もなかったものが、突然、頭の中に言霊のように生まれる感覚――その瞬間、「あぁ、これがお告げか」と思いました。

そのときの神様からのお告げの内容は、「石川県の白山神社と、京都の天橋立神社、そして、岡山のサムハラ神社、この三ヶ所をお盆の時期（令和元〈2019〉年8月前半）までに詣れ」ということでした。

「何でだろう⁉」と思いつつも、とにかくそれまでなかったお告げがふっと現れた以上、もう行くしかないなと観念しました。

石川県の白山や京都の天橋立は霊的に大事なスポットだということは何となく知っていましたし、岡山のサムハラ神社は、合気道の開祖・植芝盛平《うえしばもりへい》の守護神サムハラ龍王（龍神）が僕に憑いてくれたこともあって、とても縁が深い神社です。

でも、白山には行ったことはなく、白山と聞いて、以前、登山家でもある矢作直樹先生が電話をくれたときのことを想い出しました。

（矢作先生）「今、白山の上です」

（僕）「先生、山に二度と来るなと神様にいわれたんでしょ⁉」

（矢作先生）「いや、白山なんかは登山じゃありません、ハイキングです」

そのときはそんなやりとりで終わって、「矢作先生にとって、白山はハイキングの延長なのか」と思ったのですが、僕にとっては山登りは苦手だし、どう登ればいいかもわからない。なので今回、改めて矢作先生に電話をしてみることにしました。

（僕）「今度、ちょっと白山に行こうと思うんですが」

僕は内心、そこで矢作先生が「じゃあ、私もご一緒に……」といってくれると思っていたのですが、その期待はあっさりと裏切られ……。

（矢作先生）「そうですか。そこでご神事を。素晴らしいことです。私も東京から遠隔でお祈りさせていただきます」

（僕）「あっ、そう」

というわけで、もう、一人で行くしかない。でも登山は無理なので、とりあえず、車で行けるところまで行ってみようと覚悟を決めました。

まず、岡山から白山に向かい、その後で天橋立に寄ってからサムハラに行き、岡山に戻る予定でした。

そのとき、分厚い日本道路地図を持って出ていて、表紙にあった日本地図をふっと見ていたら、白山―天橋立―サムハラが一直線上に位置していたので、「あれ、面白いな」と思って定規で真っすぐに線を引いてみました。

そうしたら、その線をさらに西の方に延ばしていくと、福岡の志賀海《しかうみ》神社があり、さらに延ばすと隠遁者様のいらっしゃった長崎の上五島に当たるではありませんか！

志賀海神社は、綿津見三神《わたつみさんしん》をお祀りする神社で、古来「海の守護神」「禊祓の神」「再生回帰の神」として信仰を集めてきた神社です。

今回のご神事は、一度潰れたレイライン、龍の背骨を復活させること

「これ、レイラインだ！　大事な場所だ」と気づいて、今度はそのラインを右に延ばしてみたら、福島第一原発。「なんでこんな大事な場所に福島第一原発があるの⁉」と思った

瞬間、僕の身体に戦慄が走りました。

ここは、アメリカの占領軍が最初に日本に作らせた原発。「そうか、最も危険な沸騰水型のジェネラルエレクトリクス社の粗悪品をわざわざあそこの場所に造らせたのだ。つまり、このレイラインを潰すためだったのか」と気づいたのです。

霊的な観点からすると、日本列島は龍体であり、このレイラインは一番大事な龍の脊椎にあたる場所。つまり、福島第一原発はその中心となる脊椎、龍体の背骨を潰すために置かれていたということです。

ということは、僕の今回のご神事は、一度潰れたこのレイラインを復活させることであり、そうすれば原発の悪影響は抑えられる、なんとなくそう思って、白山に行く前（令和元〈2019〉年7月末）にお清めしようと思って、これまでにも何度か受けていた「業《ごう》捨《しゃ》」を受けることにしました。

業捨とは、文字どおり業を落とすための施術で、かなりの痛みを伴います。創始者の広島の先生はすでに引退されていて、群馬の前橋に一番弟子がいらっしゃるのを想い出した僕は、前橋まで車を走らせて、業捨の施術をお願いしました。

久しぶりに悶絶し、あまりの痛さに次の予約もせず、「もう金輪際来ないぞ」と思いながら車で前橋市内を走ってくる道中、ほとんど疎遠になってた上の娘からメールが入りました。

「珍しいな、なにかあったのかな」と急に心配になったものの、こちらから折り返そうにも運転中なのでできないし、停めてメールをしようと思っても、なかなか停車する場所もない田舎の一本道。

「どこかにコンビニでもあれば……」と思いつつ、しばらく走っていたら、道ばたにお店の駐車場らしきスペースがあったので、そこに車を突っ込んで、すぐに娘にメールで連絡。

すると、娘の用事は、なんのことはない「マンションの部屋の保証人になってほしい」とのことでした。

僕は「わかった、わかった」と返信をして、そのまままた道路に戻ればいいところを、勝手に駐車場を使ったので、何か買ってあげなきゃと思って車から出て店の入口まで行ってみたら、そこはヘアーサロン「マルヤマ」という屋号の散髪屋でした。

ちょうど東京の初めての店で散髪をして髪を短くされたばかりだったので、「なにもお礼できないしどうしようかな」と思っていたら、僕の意に反するように、勝手に僕の腕が動いて店のドアを開けてしまったのです。

すると、散髪屋のご主人らしき人が「どうぞこちらに」というので、「すみません、ハサミ使わずに1ミリも切らないで散髪できますか？」と伝えたら「はぁ？」と。「うち散髪屋なんですが……」「わかってますが、一切、切りたくないんです」と僕。

不思議そうな顔をしているご主人に、「櫛だけ入れて整えて、あと顔剃りして、頭も洗ってもらえますか」といったら、「やれといわれればやりますが……」と、なんとか椅子に座らせてもらいました。

僕の肌に業捨の跡が真っ赤に残っていたので、「ケガでもされたんですか？」と聞かれ、実は近所にすごい治療をなさる先生がいらして……と説明をしたりしながら、少し話が盛り上がって、僕もやっとその場になじんできました。

なぜかもう一度行きたくなった雰囲気のいい群馬の散髪屋さん

店の中には僕より先に散髪をしていた先客がいて、その方は整体師さんでした。彼も僕たちの会話に興味を持ったようで、「痛みで脳をリセットするんでしょうね」などと業捨の話題に加わってきます。

どうやら、その散髪屋さんは、近所の人たちがいつでもみんな気軽にやってきて、ちょっとした集会所のような場所になっているようで、「散髪が終わったらコーヒーでも飲まれませんか⁉」と声をかけてもらいました。

そこで、コーヒーをご馳走になっていたら、小学校の若い男性の先生なども入ってきたりして、とても和やかな雰囲気に……。「なんかいいなあ、この場所。この人たち、ほんとにいい人たちだな」と思いつつ、帰路の時間もあるので、そろそろおいとましようと切り出したら、まだ会話は続きます。

（僕）「じゃあ、僕、ちょっと遠いので、そろそろ」

（散髪屋さん）「どこから来られたんですか、えっ、車が岡山ナンバーじゃないですか！」

（僕）「いやいや、東京なんですよ」

（散髪屋さん）「これから、2、3時間かかりますね」

そういいながら、みんなで見送ってくれました。僕は車を走らせながら、なんとなく身体がほのぼのして、気がつくと業捨の痛みもすっかり忘れていました。そして、「これから、毎月ここに散髪に来たいなぁ」と思えたのです。

とはいうものの、その散髪屋さんまでは、関越道で片道約2時間、ガソリン代と高速道路代だけでもバカになりません。それを月に一回やるのは費用対効果が悪すぎると思ったのですが、それを越えて心地よい人たちがそこにはいる。

僕としては、また来月も戻ってきたい、でも費用対効果が悪い。ふと「待てよ」と、よいアイデアが浮かびました。まず、群馬まで行って業捨を受けて、身体を良くしてから、その後で散髪してもらう。お清めのための業捨の施術を加味すれば、費用対効果はそこまで悪くない。なぜなら、業捨は同じ群馬でしか受けられないから。

ということで、東京に戻った翌日、あれほど受けたくないと思っていた業捨の先生に連絡をして、「来月と再来月も行きますから、どうぞよろしく」と予約を入れました。

荒れていたサムハラ神社の後、台風が迫る中を出雲の美保神社へ

神様からの啓示を受けて、ご神事を行う前に業捨で身を清めたので、いよいよ白山に向けて出発しました。

白山では、とにかく車で行ける一番高いところまで行ったのですが、下界とはまったく雰囲気が違っていて、「ここには、来るべくして来たな」という思いが湧いてきました。

白山の霊的スポット

白山で祝詞を奏上した後、天橋立神社に行って同じようにご神事をし、それから、岡山に戻ってサムハラ神社に行って再びご神事をしました。

ところが、サムハラ神社に行って驚いたのが、以前は清々しかったのに、今は荒れていたのです。たぶん、いろんな人たちがたくさん来て、邪気が溜まっていたのでしょう。僕はこのまま岡山の自宅に帰ったらマズいと思い、以前、出雲大社に行ったときのことを想い出し、被ったときの対処法を実行することにしました。

出雲大社の周辺の人たちはみんな知っているのですが、邪気を被ったときは、美保神社に行けばいい。出雲大社の御祭神・大国主大神《おおくにぬしのおおかみ》の妻と子に当たる神様が祀られている美保神社に行けば、すべて清めてくれるのです。それを想い出し、サムハラ神社から美保神社に行って身を清め、それから岡山の自宅に戻りまし

美保神社の本殿

た。

美保神社に行くときも、ちょうど台風が四国から広島県の福山に上陸し、美保神社の近くを通るコースでした。僕はなんとかその前に美保神社に着いていたので、帰りは台風と入れ違いになって岡山に戻ることができましたが、とにかくすごかった‼　高速道路では前後に一台も走っていない。そんな暴風雨の中を超高速で一気に走り抜けました。もしハンドル操作を誤れば、即、即死です。

考えてみれば、なぜかここ最近、ずっと台風に追われているのですが、とにかく、無事に白山・天橋立・サムハラのミッションを終え、しかも美保神社でお清めもしてもらって、台風に遭遇しながら無事に岡山に戻ってくることができました。

ここからは、そのときのご神事に関する後日談です。

東京に戻ってきて、またあの散髪屋さんに行くことにし、8月の後半にまず業捨に行き、その足で午後4時頃に散髪屋さんに立ち寄りました。僕が駐車場に車を停めたら、散髪屋さんからわざわざ出迎えてくれた人がいて、見ると、最初に行ったときに知り合いになった小学校の男の先生でした。

「なんでわかったの?」と聞いたら、「来られるとわかりました」と、僕が来るのを察知していたというのです。そのために、彼は30分前にお店に来て待っていたのです。

他の人たちもそのことを事前に彼から聞いていて、「もうすぐヤスエ先生が来る」という彼の予言が「当たった、当たった!」とみんなで喜んでいます。

僕は「なぜわかったんだろう⁉」と思いながら、とりあえず「散髪お願いします」といいながら椅子に座りました。すると、その小学校の先生が折りたたみ椅子を持ってきて、僕のすぐ後ろに座って、鏡の中の僕の顔をじっと見つめるではありませんか。

僕と同じ日程でまったく同じ場所を逆向きに参拝していた小学校の先生

「えっ、どうした？」と思って彼のほうを見たら、彼曰く、僕に「報告をしたかった」というのです。

（彼）「ヤスエさんが今日来られると確信があったので、そのためにわざわざ来たんです。報告させてください。散髪中なんで頷く必要もないので、ただ聞いていてください」

（僕）「わかった。いいよ」

僕は、散髪をしてもらいながら、彼が一方的に話すのをただ黙って聞いていました。

彼の話によると、小学校の先生だから、夏休みしか長い休みが取れず、その年の夏休みは8月の頭。そこで彼は、「神様にそういわれたような気がして、休みを利用してサムハラ神社に行ってきました」というではありませんか。

思わず僕が「えっ、大阪？」と聞くと、「いえ、岡山です」と。しかも、「そのあと、京都の天橋立と、最後に白山神社に行きました」と彼。サムハラ神社は、大阪にもあるのですが、岡山のほうが古い奥宮になります。

僕が「なんでその順番で行ったの？」と聞いたら、「これも神様にそういわれた気がしたんです」と彼。僕は思わず後ろを向いて、「それ、日付、いつだったの？」と聞いたら、彼がその三ヶ所を回った日付は、僕が回った日付と同じで、順番が真逆だったのです。

つまり、僕が白山に行った日に彼はサムハラに行き、僕が天橋立に行ったときに彼も天橋立に行き、サムハラに行ったときに彼は白山に行っていた。天橋立で会うことはなかったのですが、彼は僕と逆コースでまったく同じ場所をお詣りしていたというのです。

もちろん、今回の僕のご神事のことを彼は知りませんでした。

前回、禊で業捨を受けに行ったときにたまたま初めて立ち寄った散髪屋さんで、僕が帰る直前に彼がコーヒーを飲みにきて、ちょっと会話をしただけ。そのときにも、僕が白山に行くことなどは一切口にしていないのです。

にもかかわらず、結果的に、その二人が同じ日程でまったく同じ場所を逆向きに参拝していたのです。

彼からその報告を受けたことで、僕は「白山から始まって、最後は台風の中を美保神社まで行って大変だったけれど、今回のご神事も上手くいったんじゃないか」と思いました。

それで、散髪が終わってから、彼に向かって「実は、僕もあなたと同じ日にその逆のコースを行ってたんだよ」と伝えたら、彼はとても喜びながら、「そうですか、やっぱり！」と。

つまり、彼はそのことを確認するために、僕がその日来るのを予見して、わざわざやってきて、散髪屋さんで待っていたのです。

その後、僕はみなさんにお礼をいって、お店を後にしました。帰路、「でも、僕はいったいなんのために白山に行ったんだろう」と改めてふり返りながら……。

ご神事によって神様に祈りが届けられ、無事大難は避けられた

神様からの啓示にしたがって、僕が日本の背骨に当たる白山・天橋立・サムハラのレイライン上でご神事を行った理由について、はっきりと理解できたのはそれから一ヶ月ほど経った頃でした。

それは、都内で行われた僕の講演会の会場でのことです。200人ほどの来場者に対して、講演後のサイン会に並んでくれたのが半数の100人くらいでした。

かなり人の列も減り、もうじき終わりだなという頃に、順番に並んで僕の前に来られた

ご婦人にサインをしようとしたとき、その方が突然、持っていた紙を取り出して、そこに「９の祈りは届きました」とサッと書いて、黙って僕に見せたのです。

一瞬、「はっ⁉」と思って、僕が「９の祈りってなんですか？」と聞いたら、とても話しにくそうにオドオドしながら、「例えば、中村和尚様の予言の……」といわれたのです。

まだサイン会は途中だったので、「ちょっとすみません」と後ろの方に断って、少しだけそのご婦人と話をしました。

（僕）「今年の９月28日にすごい大難が迫っていて、関西が津波に飲まれてそれに乗じて中国が攻めてくるっていう、あの中村公隆和尚様の予言ですか？」

（ご婦人）「そうです。中村和尚様が日夜焚いてくださった護摩の法力も効いたし、その他のみなさまの努力の祈りが効いて、さらに神様にいわれて私の次男にも毎日祈りをさせなさいという声が聞こえたのです。実は次男は、私（母親）のいうことなんて聞かないのに、なぜかそれだけは聞いて……。大難が去ったっていうのはついこの前、神様からいわれました」

（僕）「そうなんですか。じゃあ、僕が白山・天橋立・サムハラのラインでお詣りしたのもよかったんですかね」

（ご婦人）「もちろん、それもあるんですよ。だから、そのことを伝えなきゃと思って今日講演会に来たんです。でも、あまりに人が多いので、サイン会の列に並んでお話し掛けしようと思ったんですが、自分の番が来るとこわばってとてもいえない。そこで持っていた紙に『9の祈りは届きました』とだけ書いてお見せしたんです」

そのご婦人の後ろにもまだ何人か人が並んでいたので、僕の名刺だけ渡して、「よろしければ、後で僕宛てに詳しいことをメールで送ってもらえませんか」と伝え、待っている方々へのサインを続けました。

改めてふり返ってみると、確かにそれ以前には、上五島にあったエスタニスラウ神父様の教会から十字架を持ってきて、志賀海神社の火渡しの祭りにも参加し、平成30（２０１８）年気仙沼に行ったときには福島原発のすぐ傍を通り、令和元（２０１９）年の白山・天橋立・サムハラを合わせると、龍体日本の背骨となるレイライン上の要所をすべて廻ったことになります。

はからずも、これらのご神事が日本を救うことに繋がったとは……。そのご婦人からのメールで僕がそのことを詳しく知ったのは、令和元年9月29日のことです。

幸いにも中村和尚様の予言が外れ、日本が事なきを得たのは、中村和尚様他、みなさまのご祈祷のおかげであり、はからずも僕もその一員に加わらせていただいたわけですが、「無事に9月末に関西が水没して中国が攻めてくるのがなくなりました」と聞いたとき、8月頃に何があったかなとふり返ってみたら、日本のテレビニュースでも騒がれた香港の騒動がありました。

香港政府が成立を目論む「逃亡犯条例の改定案」を撤回させる香港でのデモがどんどん大きくなったために、中国政府は日本どころじゃなくなった。韓国にしてもしかりで、大統領の側近のスキャンダルが発覚して、それまでの対日強硬策も沈静化。結局のところ、日本は、愛の生け贄に徹しているかぎり、神様に救ってもらっているのです。

台風が魑魅魍魎を運んでくるので、邪気を受けないよう要注意！

以前、ご神事のご褒美としていただけたのは禁酒だったので、「今度のご褒美はなんなんだろうな」と、密かに期待しているところですが、これもひとえに隠遁者様（エスタニスラウ神父）の陰のお力添えがあってこそ。

エスタニスラウ神父がイエス・キリストに「地球のへそに光の十字架を建てなさい」と

いわれて裸一貫で日本にやってきて、その目的を信者にも告げず、人知れず命がけで努力なさったけれど、残念ながら光の十字架を建てることはできなかった……。

はからずも、弟子としてこの僕がその任を申し受け、なんとか無事、光の十字架を東京の龍穴に打ち建て、この度、龍体日本の背骨の調整をさせていただくことができたわけですが、その間、すべてに台風が関わっていたことから、何らかの形で龍神が関与していることが窺えます。

「これも陰陽師の家系と関係があるのかな」と思っていたら、令和元（２０１９）年10月の初め、はからずもそれを再認識させられる映画を観ることになりました。

その日は土曜日で、外は台風19号の影響で暴風雨。僕は久しぶりに部屋で身体を休めることができたので、「じゃあ、ケーブルテレビの映画でも観てみようか」とチャンネルを動かしていたら、キアヌ・リーブス主演の『47 RONIN』（カール・リンシュ監督）という映画が目に止まりました。

真田広之、柴咲コウ、浅野忠信、菊地凛子といった日本人の有名俳優も出演していて、日本の忠臣蔵をモチーフにしたオリジナルストーリーだったのですが、この映画では、これまで日本のテレビや小説などでは取り上げられてこなかった、赤穂浪士の主人の敵討ちを支えた陰陽師（播磨陰陽道）の活躍をみごとに描いていたのです。

それを観ながら、「これは、ご先祖様のとんでもない活躍の映画を観させてもらって、愉快だな」と思いながら、何気なく窓から悪天候を見ていたら、ふっと幼い頃に祖母が教えてくれたある巻物の絵を想い出しました。

その巻物の一つには、風神・雷神がお互いに見合っていて、陰陽師が火の見櫓の上で、地下から龍が動こうとしているのを制している場面が描かれていたのですが、なぜかそのとき、外の豪雨と巻物の絵柄が重なって見えたのです。

そこでふっと気づいたのは、天変地異や巨大台風が吹き荒れるときには魑魅魍魎も跋扈《ばっこ》しやすく、それだけにご神事を行うことが大事で、それゆえ陰陽師は魑魅魍魎を退治できていた。つまり邪気や低級霊に憑依されないためには、愛の生け贄に徹する必要があるということです。

邪気を被らないためにも常日頃から身を清め、愛の生け贄として生きること

その翌日、日曜日の午後からは伯家神道のご神事の日でした。

でも、まだ電車も開通してないところも多いことから、参加者は半分以上欠席になるだろうと思っていたら、休んだのは二人だけ。結局35人の門人が来ていました。「みなさん大丈夫でしたか？」と聞いたところ、「大変でしたけれど、運よく来られました」ということで、ご神事を始めることに。そうしたら、参加者によってばらつきがあるのがわかりました。どういうことかというと、約5分の2の人がご神事の影響が薄まって、元の状態に戻っていたのです。

つまり、何度も通われてご神事が進み、大体2、3年経ったら身体が清くなってすぐにいろんな神様が入ってこられるはずなのが、全然神様が入ってこられない。それどころかそのうち変なものが現れて、僕や巫女がそれを祓わないといけないようなことが起きるのです。

その日、なぜそうなるのかふっと気づきました。

台風が魑魅魍魎を運んできて、その邪気・低級霊を被ってしまう人が多いのです。今回、台風直後にご神事をするのが初めてだったので、それがよくわかりました。

魑魅魍魎は、雰囲気がよくない神社など、そのあたりによくいるのですが、台風なので土地や建物が浸水したりすると、そのような低い土地に溜まりやすくなります。

なので、そのときにも参加者にどこに住んでいるか尋ねたら、やはりゼロ・メートル地区の人が影響を受けていて、高台の人はあまり影響を受けていないことがわかりました。冠水した場所にヘドロやバクテリアが溜まるように、邪気や低級霊が溜まっていくのです。

だから、ニュースでもアナウンサーが「水没した後は、精神的にまいっておかしくなりやすいので、地区の担当のお医者さんや役所に恥ずかしがらずに相談してください」といっていましたが、これは単なるストレスではなくて、霊に憑依されやすいということです。

神道でも、昔から神前での「祓い・清め」が基本で、陰陽師なども祓いのための呪文や真言、九字などを用いて、邪気や生き霊、低級霊を寄せつけないように結界を張るわけです。

ですので、祓らないようにするには、できるだけ神様のご加護を受けられるよう日頃から身を清め、愛の生け贄として生きることを心がける必要があるのです。

第6章

日本人よ、愛の生け贄たれ!!

原爆や戦争の過ちをすべてわが事のように引き受ける覚悟

前述したように、光の十字架は、愛の生け贄としてのシンボルです。イエス・キリストは古代イスラエルから、そしてエスタニスラウ神父もはるばるスペインからやってきて、この日本に光の十字架を打ち建てようとされました。

まさにそれは、わが日本民族が愛の生け贄たる民族だということを確信していたからに他なりません。そして、お二方とも愛に溢れる方だったからこそ、完全調和の神の世界に包まれたこの国に、命がけでやってこられたのだと思います。

古より日本が「神の国」「神国日本」と呼ばれてきた理由も、日本人は愛の生け贄に徹することができるという、まさにこの点にあるのです。

実際に、現在のさまざまな国や世界の情勢を見てみても、この「愛の生け贄」をキーワードにして日本を理解することはとても大事だと思います。

歴史をふり返れば、何よりも、世界で唯一の被爆国という事実がそれを物語っています。

アメリカ政府は、原子爆弾を昭和20（１９４５）年8月6日に広島市、続いて9日に長崎市に投下しました。その結果、激しい熱線と衝撃波、有害な放射線によって、その年だけで21万人以上が亡くなりました。

　広島市によると、原爆による死亡者数は現在も正確にはつかめていないそうですが、放射線による急性障害が一応おさまった同年12月末までには、約14万人が死亡、爆心地から1・2キロメートル以内ではその日のうちにほぼ50%が死亡、それよりも爆心地に近い地域では80～100%が死亡したと推定されています。

　また、原爆で被曝した人たちの悩みや苦しみの声がつづられた「相談カルテ」の数は、今も増え続けているそうで、広島や長崎で被曝し、その後上京した人などを支援するために設けられた東京の相談所には、終戦から72年がたった今も訪れる人が後を絶たないといいます。

　これほどまでに甚大な被害を被ったにもかかわらず、広島の原爆死没者慰霊碑の石棺にはこう刻まれています。

「安らかに眠って下さい　過ちは繰返しませぬから」と。

　この碑文の趣旨は、原子爆弾の犠牲者は、単に一国一民族の犠牲者ではなく、人類全体の平和のいしずえとなって祀られており、その原爆の犠牲者に対して反核の平和を誓うの

広島平和都市記念碑（原爆死没者慰霊碑）
昭和27（1952）年8月6日設立

は、全世界の人々でなくてはならないというものです。

広島市は、この碑文の趣旨を正確に伝えるため、昭和58（1983）年に慰霊碑の説明板（日・英）を設置し、その後、平成20（2008）年にG8下院議長会議の広島開催を機に多言語（フランス語、ドイツ語、ロシア語、イタリア語、中国語（簡体字）、ハングルを追加）での新たな説明板を設置しました。以下は、その全文です。

「この碑は　昭和20年（1945年）8月6日世界最初の原子爆弾によって壊滅した広島市を平和都市として再建することを念願して設立したものである　碑文は　すべての人びとが　原爆犠牲者の冥福を祈り　戦争という過ちを再び繰り返さないことを誓う言葉である　過去の悲しみに耐

え　憎しみを乗り越えて　全人類の共存と繁栄を願い　真の世界平和の実現を祈念するヒロシマの心がここに刻まれている」

原爆の被害者として筆舌に尽くしがたい悲しみや苦しみを超えて、原爆や戦争の過ちをすべてわが事のように引き受ける覚悟が、ここにはあります。

日本人の魂の中には愛の生け贄のＤＮＡがある

これがもし日本以外の国で起きたことであれば、このような文言には決してならなかったでしょう。

他の国では、到底、原爆の過ちを引き受けられないし、もし引き受けていたら子子孫孫まで恨み殺すに違いなく、まして「神」の名において原爆を投下したかつての敵国と同盟を結ぶなど、まったく考えられないことでしょう。

それだけ、日本人は、どんなにひどい目に遭ってもそれに耐え、乗り越えようとする底力があり、愛の生け贄に徹することができるがゆえに神様が助けてくださるわけで、それが本当の意味での「神国日本」なのです。

また、緑に包まれた日本は、自然の恵みも多い反面、自然災害も多く、はるか昔から地震や火山の噴火などで甚大な被害を被ってきましたが、いつの時代の人々もその苦難を自ら乗り越えてきました。

3・11東日本大震災と原発事故が起きたときにも、整然としていて、絆をもとにお互いに助けあいながら復興に尽力した。その姿が、諸外国から称賛の目で見られたことは、まだ記憶に新しいでしょう。

たとえ大きな災難が起きても、静かに諦観し、決してパニックや暴動を起こさず、他を労る心を失わない国民。こうしたことは、日本人の魂の中に愛の生け贄のDNAがあるとしか思えません。

すなわち、神国日本は、愛の国。

その愛について、アインシュタイン博士は愛娘に宛てた手紙の中で、次のような言葉を残しています。


私が相対性理論を提唱したとき、ほとんど誰も私を理解してくれなかった。そして今これから私が明らかにし人類に伝えることもまた、世界中に誤解と偏見をまねいてしまうことになるだろう。

以下に説明することを世の中が受け入れられるほどに進歩するまで、何年でも何十年でもこの手紙を秘匿してくれるようお前に頼みたい。

科学が未だ公式には説明することができていない極めて強力な力が存在している。それは他のすべての力を内包し統治する力であり、この宇宙の中で生じている如何なる現象の背後にも存在し、なおかつ我々がまだそれを特定できていないものだ。

この普遍的な力とは、愛のことだ。

科学者たちがこの宇宙についての統一理論を捜し求めていたとき、彼等はこの最も強力な見えない力のことを忘れてしまっていた。

愛は、それを与える者と受け取る者とを教え導いてくれる光である。

愛は、ある人々が他の人々に引き付けられていると感じさせる故に、引力である。

愛は、我々の持てる最大のものを増幅させ、また盲目的な利己主義の中に人間性が埋没してしまうのを許さない故に、強さである。愛は開花し、本性を示す。

我々は、愛に生き、そして愛に死す。

愛は神であり、また神は愛である。

この力はすべてを説明し、そして生きることに意味を与えてくれる。これこそが我々があまりにも長い間無視し続けてきた物理量なのだが、おそらく愛がこの宇宙の中で未だに人類が意図的に用いる術を学び取っていない唯一のエネルギーであるために恐れられていることが理由かもしれない。

愛を目に見えるようにするために、私の最も有名な方程式において簡単な代入を行ってみよう。

$E=mc^2$の代わりに、この世界を癒すためのエネルギーが愛に光りの速さの二乗を掛け合わせることで得られるということを受け入れるならば、その大きさには限界がないために愛は最も強力な力となるという結論に到着する。

我々に刃向かうことになる宇宙の中の他の力を制御しながら使う場面において人間性が破綻してからというもの、我々がもっと違うエネルギーを用いるようにすることが急務となった。

もし我々が生き残ることを望むならば、もし我々が人生に意味を見出すことができるのであれば、もし我々が世界とそこに住まうすべての知的生命体を救いたいのであれば、愛が唯一たったひとつの答となる。

この惑星を荒廃させている憎しみ、利己心それに強欲といったものを完全に破壊するほどに強力な装置である、愛の爆弾を作り上げる準備は、おそらく我々にはまだできていないだろう。

しかしながら、すべての個人はその内面に小さいが強力な愛の発生装置を持っていて、そのエネルギーはいつでも放たれるのを待っている。

我々がこの普遍的なエネルギーを与えたり受け取ったりすることを学ぶとき、親愛なるリーゼルよ、我々は愛が生命の神髄であるが故にすべてに打ち勝ち、あらゆるものを超越することを認めることになるだろう。

生涯にわたってお前のために鼓動していた私の心の中にあるものを伝えることができなかったことを私は深く悔やんでいる。ひょっとすると、謝るのが遅すぎたのかもしれないが、時間は相対的なものなのだから、お前を愛しているということをここで伝

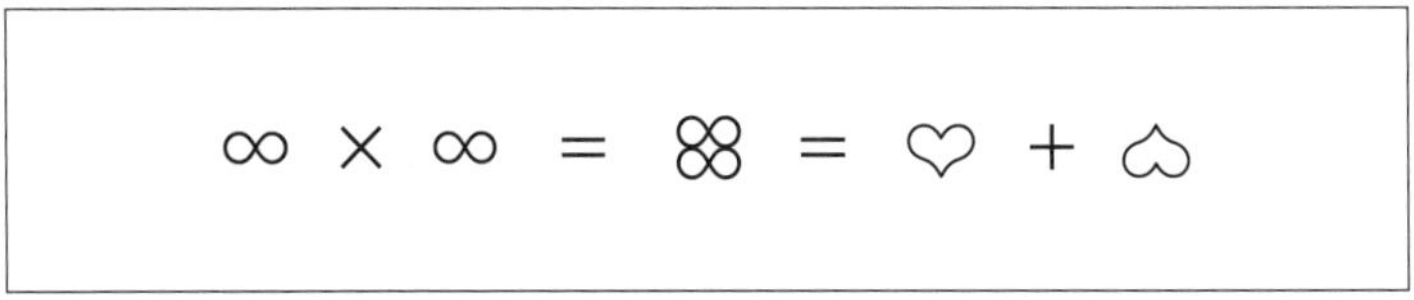

えておきたいし、究極の答にたどり着いたことをお前に感謝しておきたい。

お前の父アルバート・アインシュタイン

アインシュタインが娘リーゼルに宛てた手紙には「この世界を癒すためのエネルギーが光の速さの二乗に比例する」ということが記されています。光の速さは宇宙規模から見れば有限ですが、日常レベルでは無限と考えてもかまいません。ということは無限∞と無限∞を掛け合わせると、それはなんらかこの世界を癒すエネルギーに関係するものになるということを意味しているはず。実際に∞と∞を上下に重ねてみると……、それは愛のシンボルであるハート記号と逆さまのハート記号とに分解されます。つまり既に愛そのものを内包していることになるのです。そう、世界を癒すエネルギーは愛そのものというわけ。アインシュタインが愛娘への手紙をとおして我々に知らせたかったことは、まさにこの事実だったのではないでしょうか。

歴代の天皇陛下が神通力によって起こしていた奇跡の数々

愛の力、その霊力が奇跡を生む――そのことは、歴代の天皇陛下が身をもって証明されています。

昭和陛下までの歴代天皇は、ご自身を神だと信じて微塵も疑いを差し挟むことなく、天皇陛下となられたことで日本的霊性の高みを得られていたのです。

大正陛下におかれては、英国王室を支えてきたガーター騎士団に迎え入れられて、すぐに副団長となった奇跡。また昭和陛下におかれては、テニアン島を離陸して東京に向かっていた原爆初号機を搭載した米軍のＢ29爆撃機を太平洋上で消滅させた奇跡――これらは愛の生け贄の象徴であるがゆえの神通力を発揮された証しです（明窓出版刊の拙著『祈りが護る國 アラヒトガミの霊力をふたたび』参照）

アメリカは、第２次世界大戦中、原爆を搭載して東京に飛来しようとしたＢ29を消し去ったのは昭和天皇（の祝詞）だと知っていました。当時の日本の通信はアメリカに筒抜けですから、東條英機が東京に原爆を投下する計画を察知して、天皇に祝詞でB29を消し去ることをお願いしに行ったことをアメリカは知っていたのです。

その通信を傍受したアメリカは、最初は懐疑的だったと思いますが、本当にB29が消え去ったので慌てます。そのため、占領軍最高司令官マッカーサーの一番の目的は、天皇の祝詞の秘密を暴くこととなり、マッカーサーは天皇にある交換条件を出しました。それは、祝詞の秘密を教えれば日本の分割統治（アメリカ・ソ連・中国の分割統治）は防いでやる、と提案したのです。

その結果、日本は、冷戦時代のドイツ分断（西ドイツ、東ドイツ）のような悲劇は免れました。そして、占領軍が日本に上陸して真っ先に向かったのが、仁徳天皇陵と四国の剣山でした。

そこに祝詞の秘密があるのかどうかは知りませんが、このときのエピソードをもとに企画されたのが、ハリソン・フォード主演のハリウッド映画『インディ・ジョーンズ』です。当初は仁徳天皇陵で撮影される予定でしたが、宮内庁の許可が下りずエジプトが舞台となりました。

このことは、拙著『祈りが護る國 アラヒトガミの霊力をふたたび』（明窓出版）で詳しく述べてあるので、ご興味のある方はそちらをご参照いただくとして、ようするに、天皇陛下の霊的なお役目は、自らの神通力によって神国日本の安寧と世界の恒久平和をお守りいただく、そしてそのために、日本国民に対して、愛の生け贄としての範をそこはかとなく指し示していただくことなのです。

令和の新しい時代になり、今上陛下におかれましても、その御霊力をよりいっそうの高みに至らしめるための秘伝秘法の実学と座学に勤しむ中で、神国日本を覆う霊性の光を永久に輝けるものとして放っていただけることと存じます。

これは、ひとえに現人神《あらひとがみ》としての天皇陛下本来のお役目。つまり、現人神というのは、自らが神であるとの確信を持った人間のことなのです。

ところが、敗戦後、占領軍によって求められた昭和陛下の「人間宣言」による影響と、前回のB29爆撃機の消滅にあまりにも自らの霊力を使ってしまったことで、ソ連の最新鋭ジェット戦闘機ミグ25の捕獲は「一人では無理だ」とお断りになった…。

それゆえ、前述したように、ときの日本政府は中村公隆和尚様にミグ25の捕獲を依頼したのです。

実は、このことは、平成30（２０１８）年11月22日に鏑射寺に集まった門徒三百有余名の前で中村公隆和尚様自らが真実を語られました。

どうしてもミグ25を一機捕獲する必要があった当時のニクソン大統領からの強い依頼があったため、昭和陛下は、当時高野山にいらっしゃった中村公隆阿闍梨を助手として皇居にお呼びになったそうです。

そして、真言密教の秘法と合わせることで、昭和51（1976）年9月6日にシベリア上空を演習飛行していたミグ25のパイロットであるヴィクトル・ベレンコ中尉に、不動金縛りの術をかけて北海道の方向にしか操縦桿を向けることができない状態に追い込んだという驚くべき事実を……。

これが、ベレンコ中尉のミグ25亡命事件の真相であり、真言宗門徒の間では有名な話のようで、長く修行された方ならどなたでも知っていることだそうです。

隠遁者様から教えていただいた「死の瞬間にできる唯一のこと」とは？

愛の生け贄として生きることが、日本人の霊的使命。

であるならば、各自がその自覚を持つことが大切で、そのためには「人は死なない」という人間本来の姿を想い出して、脳や肉体が「自分」なのではなく、永久に存在する「霊魂」が一時的に自分の身体に宿っているのだということを肝に銘じる必要があります。

肉体的な死は単なる通過点にすぎず、決して死を怖れたり不安がることはなく、寿命がくれば誰もが元の世界、すなわち完全調和の神の世界に帰るだけなのです。

ようするに、私たちは、愛から生まれて、愛に帰る存在なのです。だからこそ、この世にいるときは、愛にすべてを捧げられる、すなわち愛の生け贄として生きられるのです。

愛の生け贄として生きた人は、死に際してもまったく囚われがありません。

僕は、世界中のカトリック信者たちから隠遁者様と呼ばれて敬愛されていたエスタニスラウ神父様に、あるときこんな質問をしたことがありました。

（僕）「死を迎えようとするとき、いったいどうすれば天国への門が開かれるのでしょうか？」

（隠遁者様）「生前に善行を尽くし、世のため人のために働き、何も思い残すことがないほどに満足な人生を送ることができたと死の瞬間に自分を誇らしく思うならば、その人はその気持ちによって、この世に魂を幽閉して自獄（地獄）に囚われてしまう。

また、生前に悪行の限りを尽くし、多くの人を騙し、暴力の果てに殺人までも犯してしまったと死の瞬間に自分を恥じて悔やむならば、その人もまたその気持ちによって、この世に魂を幽閉する自獄（地獄）に堕ちてしまう。

死の瞬間に自獄（地獄）に堕ちることなく、天国に召される人は、生前の善行に満足することもせず、悪行を悔いることもせず、子どもの頃に遊び疲れて夕方家に戻ってきたときに『ただいまー、お腹空いた！』と母親に声をかけていたときのように、何も考えずにただただ『ただいまー』と神様に声をかけるのみ。

これは『死の瞬間にできる唯一のこと』であり、死んでから天国に召されるための絶対条件に他ならない」

つまり、隠遁者様によると、死の瞬間にできる唯一のこと、私たちが死を迎えるときに道を誤らないためにできる（しなければならない）唯一のことは、「何も考えずただただ『ただいまー』と母なる神様に声をかける」ということだったのです。

そうしないで、人生で何かを立派にやり遂げたような人々が陥ってしまうように、「もう何もやり残したこともないし、自分の人生は満ち足りたものになった」などと思ったとたん、死ぬときの道を踏み外して自獄（地獄）に堕ちてしまうのです。

あるいは、何人もの人を殺してしまうなど最低の人生を送ってしまった人々のように、

「自分はとんでもないことをしてきた」などと悔やんだとたん、やはり死ぬときの道を踏み外して地獄に堕ちてしまうわけです。

両者に共通しているのは、「自分が（自分で）」生きてきたという傲慢さ。すべての存在は神様によって生かされ、いかなる人も神様によって召されるという自然界の背後にある摂理を知らないがゆえの愚かさが、そこにはあるのです。

死にゆくときに、道を外さずにちゃんと天国に招き入れられるためには、自分の人生に満足したり、あるいは失望したりすることなどせず、たとえどんな人生を送ったとしても、そんなことなどまったく後悔せずに、無邪気な子どものように「ただいまー」と神の下《もと》へ帰っていくことが大事なのです。

眠りに入るとき、何も考えずにただただ心の中で「ただいまー」というだけ

如何でしょう、とても簡単なことではないでしょうか⁉

ある日突然に死ぬことになっても、子どものように「ただいまー」だけでよいのですから。

でも、そうはいってても、誰にとっても死ぬのは初めての体験であり、いくらここで「何も考えずにただただ『ただいまー』といえばよい」という隠遁者様の教えを知ったとしても、いつのことになるかわからない死ぬ瞬間まで憶えていられるかどうかあやしいものです。

そのときまでに完全に忘れてしまったり、せっかく憶えていたにもかかわらず、あまりの衝撃でそれを実行することができなかったりするのは、きっとよくあることではないでしょうか。

だからこそ、実は、隠遁者様の教えの中には、毎日の練習が必要であること、そしてその具体的なやり方までも示されていたのです。

それは、「睡眠」という誰もが毎日必ず行う生理学的な行動を利用するものです。どういうことかというと、隠遁者様によると、睡眠中での魂の状態そのものが死んでからの状態に近いものであるため、死の瞬間の状況を模すには、眠りに落ちる瞬間を利用するのが理にかなっているというのです。

具体的には、毎晩寝るときに、次のような練習をするとよいそうです。

まず、横になって、だんだんと眠くなって意識が遠のいていくとき、その日にあったことを思い浮かべながら、「今日はよくがんばった」とか、「今日はまずいことばかりだった」「ああすればよかった」などと満足したり、悔やんだりしないこと。

そんなふうに思い煩うと、睡眠中に魂が肉体を離れて雄飛することができず、翌朝目覚めたときに疲れが残ってしまいます。

翌朝にすっきりと目覚めるためには、睡眠中の魂が肉体を離れた本来の姿で、この世からあの世までを縦横に飛び回ることで、霊的なエネルギーを補給しておかなくてはなりません。

それを容易にするために、つまり、横になってすぐに魂があの世へと雄飛することを助ける方法は、眠ろうとするとき、何も考えずにただただ心の中で「ただいまー」ということなのです。

ここで余談です。僕がまだ幼かった頃、毎晩、祖母の隣で寝ていました。それでよく覚えているのですが、働き者の祖母は早朝から深夜まで働きづめで、床に入るのも家人が全員眠りについてからになっていました。

祖母が隣の布団に横になろうとするとき、たまたま目が覚めた僕の耳に、毎回同じ台詞が聞こえてきたことを覚えています。それは、「寝れば天国、寝れば天国」というものでした。

今思えば、祖母が毎晩寝る前に唱えていた「寝れば天国、寝れば天国」もまた、何もよけいなことを考えずに天国に迎え入れられるための「ただいまー」に代わる合い言葉なのかもしれません。

その延長で考えれば、死ぬ瞬間に何も考えず「ただいまー」と思う代わりに「死ねば天国、死ねば天国」と唱えるのもよいかもしれません。

話を元に戻して、毎晩眠りに落ちるときに「ただいまー」と心に思ったり発声したりするということで、隠遁者様が教えてくださった「死の瞬間にできる唯一のこと」を毎日練習することができるわけです。

毎日毎晩寝るときに意識が遠のいていくとき、何も考えずにただただ「ただいまー」と思うだけでよいのです。こんな簡単な練習を毎日続けさえすれば、ある日、あるとき、ある場所で、青天の霹靂《へきれき》の如く襲いかかってくる「死」の瞬間でさえまったく慌てず、何も余計なことを考えることなくただただ「ただいまー」といいながら死んでいくことができ、そのまま天国へと迎え入れられることになる！

いわば、この睡眠法は、スムーズにあの世（天国）に戻るための予行練習。このいとも簡単なことが、隠遁者様が教えてくださった、天国に入るために「死の瞬間にできる唯一のこと」なのです。

「闇は光の母」、そして、本当の死とは?

死の瞬間に、何も誇らず、何も憂うことなく、ただただ「ただいまー」という気持ちで天に召される――隠遁者様によるこの教えの本質を見事に描いた、「闇は光の母」と題する谷川俊太郎の詩があります。ここで、一部を引用させていただきます。

「闇は光の母」 谷川《たにがわ》俊《しゅん》太郎《たろう》

闇がなければ光はなかった　闇は光の母
光がなければ眼はなかった　眼は光の子ども
眼に見えるものが隠している　眼に見えぬもの
人間は母の胎内の闇から生まれ

ふるさとの闇へと帰ってゆく
闇は無ではない　闇は私たちを愛している
光を孕み光を育む闇の　その愛を恐れてはならない

そもそも死とはどのようなものなのか

読者のみなさんにとっても、ご自身の死は未体験の領域にあるはずです。今を生きていらっしゃるみなさんは、まだ死を経験してはいないことになるからです。もちろん、ごく少数の人で「臨死体験」をされている方もいますが、それは「死亡体験」ではありません。臨死は、意識が回復していない状態ではあるものの、心肺機能は能動的にせよ受動的にせよ維持されていて、生命維持は可能な状況であって、まだ生きている状態なのです。

その後、意識が回復して想い出すイメージが、自分が三途の川を渡ろうとしていたら向こう岸に死んだお爺さんが立っていて「お前はまだこっちに来てはならん」と一喝された瞬間、気がついたら病室で横になっていたなどというものです。

そんなことから、人間が本当に死ぬときにもこのような臨死体験に近い体験をすると考えられているのですが、臨死体験はあくまで一時的な体験であり「死亡体験」とはまったく無関係だということもできます。

三途の川の向こう岸に、生きていたときに自分をかわいがってくれたお爺さんが立っていたというイメージは、実は、臨死体験時の脳の働きで生まれたものだということを示しているからです。

本当に死んでしまったときに、あの世に先に行ったお爺さんの魂に会えないこともないのですが、お爺さんが死んだときの「お年寄りの男性の姿」で会えるというわけではありません。

映画やテレビドラマ、小説や絵本の中で間違ったまま表現されてきたため、死んだ後の魂の姿としてはそれが当たり前であるかのように、死んだときの肉体年齢の姿そのものが想い描かれるようになってしまっただけで、死んだときに肉体から離れた魂の真の姿は、その人が24歳くらいの肉体年齢のときの姿に最も近いものになります。

それよりも若いとき、たとえば成人前の子どもが弱冠12歳のときに死んでしまったとしても、その12歳の未発達の肉体から解き放たれる魂は、その子どもが24歳になって完全に成長したときの姿に近いものとなるわけです。

この点は、これまでほとんど指摘されてこなかったのですが、それをとってみても霊魂などあの世の存在についての考察が宗教や民間信仰のレベルを超えてきていないという事実を再認識することができるのではないでしょうか。

では、本当の「死亡体験」とはどのようなものなのでしょうか？

2分30秒の僕の「死亡」体験とマリア様への祈りによる生還

実は、僕自身も一度だけですが、死んだことがあります。

といっても、全身麻酔の外科手術中に2分30秒間、心肺停止状態になっただけなので、その短時間の「死」の前後の感覚が記憶として残っているわけではありません。

ですから、手術中に一度死んでしまったなどという事実もまったく知らないでいたのですが、手術を担当してくださった麻酔医の方が、その夜にご自宅に戻られたときに「いやー、今日の手術は危なかった……」と奥様に詳細を語られた話が、どういうわけか僕の耳にまで届いてしまったのです。

それがなければ、6時間の手術の中で医師たちが慌てて蘇生させてくれた緊迫の場面があったことなど知る由もありません。

では、手術場では大変だったその2分30秒の「死」の間のことを、本当にまったく覚えていないのかというと、それもまた自信がありません。

というのは、僕がはっきりと覚えているのは手術が始まる直前までのことです。手術台の上にまな板の鯉状態で仰向けになっていた僕の顔をのぞき込んだ麻酔医が、「これから麻酔しますからね、次に気がついたときにはもう手術は終わっていますよ」と話しながら僕の肩を軽く叩いていたというところまでです。

それに対して、天の邪鬼の僕は「よし、それなら絶対に麻酔で眠らないように無理矢理目を見開いておいてやるぞ！」と心に決めて神経を集中していたところ、まるでついていたブラウン管テレビ受像器のコンセントを抜いてしまったときのように、映っていた画面がプツーンという感じに一瞬で上下につぶれて横一直線の光の線になった直後、今度はその光の直線が左右からつぶれて中央に光る点が残ったように見えたのです。

「なーんだ、テレビの画面が不意に消えてしまうときと同じだ！」と思って笑おうとした瞬間、今度は再びマスクをかけた麻酔医の顔が眼前に迫り、「大丈夫ですよ、もう手術は終わりましたからね」と声をかけてくださっていたのです。

その後の記憶はちゃんと残っていることはいうまでもないのですが、不思議なことに全身麻酔をかけられていた6時間という決して短いわけではない時間が、僕の意識の中ではまったく消滅してしまうだけでなく、それが消えてしまっているという空白さえ感じることができないために「何もわからない」としかいえないのです。

ただ、その消えた時間の中で「はっきりと見た」としか思えない場面が、手術後にずっと頭に残り続けています。

それは、真っ黒な魔物がうごめく地獄の入口で痛みと恐怖に苦しんでいたとき、そのまま完全に地獄に落ちてしまう直前に、かろうじて心に浮かんだ聖母マリアのお姿に向かって祈ったときのことです。「ただただ、この痛みと苦しみからお救いください」と。

すると、どす黒い地獄の光景の中に、真っ白な点がぽつりと現れ、だんだんと大きくなってきます。そして、はっきりと見える大きさになったとき、それが真っ白な鳩だとわかったのです。その真白き鳩がさらに大きくなり、最後にはおどろおどろしい地獄絵図のすべてを覆い隠してしまったとき、あれほどまでに激しかった恐怖も、激痛も、完全に消え去ってしまいました。

そうです、おそらくこの瞬間に、僕は死の淵から生還したのではないでしょうか。マリア様への祈りによって…。

このときは、残念ながら、隠遁者様の教えを全身麻酔のために実行することができなかったのですが、それでも魂の叫びにも近いマリア様への祈りによって、この世へと連れ戻していただけたのです。

はからずも、頂戴できた余生を、愛の生け贄として使わせていただくために――‼

第7章

愛の生け贄になるための活人術・十箇条

貧乏クジを引くことから始まる活人術

「愛の生け贄となるにはどうしたらいいのか？」

ここまで読まれて、そう思われた方もいらっしゃるかと思います。

そこで、僕が隠遁者様から指南していただいたキリストの活人術について、その要点をお伝えしておきたいと思います。

活人術とは、文字どおり「人を活かす術」のことです。

人を活かし、自分を活かし、物を活かし、最終的には自然体のままですべての存在を活かしきる、すなわち愛の生け贄となる生き方につながっていきます。

活人術には十の教えがあります。以下、順に説明していきましょう。

〈活人術　その一　損なクジを引く〉

人を活かすための基本中の基本は、「損なクジを引く」ことです。

損なクジを引くことがなぜ活人術の一番なのかと不思議に思われるかもしれません。

これまでの処世術では、できるだけ損をしない、むしろどうすれば得をするか、というのが定番で、ほとんどの人がそう思って生きているからです。

しかし、人を活かすためには、まず自分が損なクジを引くことが大事です。

たとえば、スーパーなどで買い物をするときに、商品の賞味期限を見て日付の新しいものから購入するのではなくて、あえて日付の古いものを買うとか、電車やバスに乗ったり降りたりするときには最後に乗り降りし、空席があったら他の人に譲ってあげる。

また、誰も見ていないところでゴミを拾うなど、いわゆる「陰徳を積む」といわれるような行いを心がける。こうした小さなことから始めることが活人術の初歩であり、最も大事な部分です。

あえて貧乏クジを引き続けているうちに、何かが変わっていきます。

何が変わるかは人によって違いますが、「あぁ、こんなふうにうまく回っているんだ」と必ず気づくときがくるはずです。

なぜかというと、神様は損なクジを引いている人を助けてくださるからです。

神様とは、前述した形而上学的素領域理論に基づく、素領域と素領域の間（外側）です。

つまり、弱いものにこそ素領域の外からエネルギーが注がれるからで、強い人にはエネルギーが注がれない、神様の手助けは得られないのです。

自分よりも他の人を優先する人には神様からのサポートが得られる、だからこそ、人を活かし、自分を活かしたければ、常日頃から最も悪いクジを引く人生を選ぶことです。

無条件に相手（主）に従うしもべになる

〈活人術　その二　しもべになる〉

活人術の第二のポイントは、「しもべになる」です。

これはキリスト教の世界ではよくいわれることですが、その理由は、神に仕える、神のしもべになるのがクリスチャンとしての生き方だからです。

聖書には次のように記されています。

「あなたがたの間で偉くなりたいと思う者は、みなに仕える者になりなさい。あなたがたの間で人の先に立ちたいと思う者は、みなのしもべになりなさい。人の子が来たのも、仕えられるためではなく、かえって仕えるためであり、また、多くの人のための、贖いの代価として、自分のいのちを与えるためです」（マルコの福音書10章43～45節）。

このようにしもべ（僕）とは、へりくだった自分を意味していて、無条件に仕えることです。

しもべというのは、ご主人さまの命令はたとえ無理難題だろうと絶対服従です。これがしもべの定義です。

つまり、自分の考えをなくして他人である自分の主人、あるいは自分の尊敬する人（その究極の存在が神）の言葉に無条件に従う、ここがポイントです。

中でも、カトリックの信者さんたちは日々そのように生きることを心がけています。

カトリックの頂点に立つローマ教皇は、いろいろな書類にサインをする際、自分の名前を書くのではなく、「しもべの中のしもべ」と書くそうで、これは教皇は世俗の権力者とはまったく反対で、全人類のしもべに徹することを意味しているのです。

また、かつて僕の大学の理事長であったシスター渡辺和子《わたなべかずこ》も、修道院時代にそのようなしもべとなる暮らし方を実践されていたからこそ、あのベストセラー『置かれた場所で咲きなさい』（幻冬舎）が生まれたのです。

修道院というのは、祈り方を学んだり、畑仕事を教わったりするのではなくて、修道院長のいうことに絶対服従する、右といわれたら右を向く、そういう身体の動かし方、使い方を学ぶ場所です。

そうすることによって、初めて神父やシスターとして神にお仕えする、神のしもべとなることができるのです。

これはなにもキリスト教徒に限りません。自我を捨てて大いなる存在にすべてを委ねる「他力本願」は日本の浄土宗や浄土真宗などの教えにもなっています。

法然の「念仏をただ唱えれば浄土に行ける」とか親鸞の悪人正機説などの考え方がそれです。

他力本願は現代の平等社会の中では誤解されがちですが、実は「人は誰も他の力によって生かされている」という物理法則を示しているのであって、これこそ活人術の要です。

つまり、他力本願とは、他者や自分を超えた大いなる存在によって生かされているという事実と、それゆえ自我を捨てて他の力に委ねることが大事で、その結果どうなろうとすべてお任せしますという無の境地に至る道なのです。

とはいえ、何も努力をしなくてもいいというわけではありません。

努力しないよりはしたほうがよいのですが、その自分の努力だけではどうにもならないことがある、ゆえに天に委ねるしかない、それをわきまえておくということです。

自分に対する驕りや過信を捨て去って、努力をする中でさらに自分の力の及ばないところで何かが動く、すなわち素領域の外側の働きかけが起こる、そこで初めて自分の願っていたことが成就することがあるのです。

ですから、自分の考え、思考、感情で動かないこと、つまり自分の考えをいっさい捨てて、ただ主にいわれたとおりしもべのように動く、これが活人術における他力本願です。

死んで天国に行ける活人術の秘伝中の秘伝とは？

〈活人術　その三　なにも留め置かない〉

「自分の気持ちの中になにも留め置かない」

これが活人術の三つめのポイントで、実はこれは「天国に行ける方法」です。

これは僕が隠遁者様に会った際に、「死んだあと天国に行けるようになるにはどうしたらいいのですか？」と質問したときに隠遁者様から返ってきた答えでした。

自分の気持ちの中になにも留め置かないというのは、死ぬ直前に、「自分は人生をまっとうしたからもう思い残すことはない」と思ったり、「自分はいろんな悪事を働いたので悔い改めたい」などと思い煩うことがない、ということです。

ではどうしたらいいのか？

そのときの隠遁者様のお答えはこうでした（第6章で詳説）。

死に際して、満足感に浸ったり、後悔にさいなまれたりするのではなくて、ただ無心で「ただいま」という、ただそれだけ実行できればよいのです。

子どもが外出先から家に帰ってきて、玄関を開けて「ただいま」というように、死ぬ瞬間に「ただいま」と無心にいう。ただそれだけで天国に行ける、これは活人術の秘伝中の秘伝です。

とはいうものの、僕のようにいつの間にか忘れてしまうといけないので、毎晩、夜眠りに就くときにその練習をしておくことをお勧めします。

誰もがいつか必ず死を迎えます。そのときに備えて、毎日、眠りに落ちる直前に無心に「ただいま」といって寝るようにしてみてください。それだけで活人術が効いてきて、死ぬときの練習にもなります。

〈活人術　その四　朝、両手を合わせる〉

四つめのポイントは、朝、目覚めたとき、起き上がる前に両手を合わせることです。このとき、祈る必要はありません。ただ手を合わせればよいのです。何かを願ったり特別に祈ったりすることはかえって邪魔になります。

朝目覚めたときにただ両手を合わせる――これは感謝を表す本来の祈りの姿です。日本人はよく祈りと称して自分の願いを思い描きますが、それは願望であって祈りではありません。

祈りとは大いなる存在によって生かされていることへの感謝であり、もちろん、朝目覚めたときに限らず、いつでも行えばよいのですが、朝、起床時の祈りは身体を与えられていることへの感謝であり、常日頃から身体を使った作法としてそれを行うことによって確認ができます。

感謝を捧げる祈りの形は、祈るときに拍手を打つ、太鼓や鐘、木魚を叩く、祝詞を奏上する等々、身体を使って表現できます。このように身体を使うことが大事なのは、よけいな思考や思惑が入ってこないからです。

僕は隠遁者様に伝えていただいた活人術を、合気（愛魂）という武術の奥義に使ってきた中で、これは武術以外にも活かせると確信できたことから僕の道場でも指導しているのですが、身体を使うあらゆる所作、すなわち日常の行為や行動も祈りを捧げる活人術の一つだと捉えています。

〈活人術　その五　物を活かす〉

人を活かすために日頃から行うことの一つは、「物を活かす」ことです。

人を活かす術なのになぜ物なのか?

たとえば、自分が飼っているイヌやネコの気持ちがわからないで、今日初めて会った人の気持ちが理解できるでしょうか?

ようするに、まずは「隗《かい》より始めよ」で、大きなことを成すには一番身近なことから始めましょうということです。

物を活かすためには、物に魂を込めることが大事で、日本人は昔からそれが得意でした。とりわけ、ものづくりの職人さんは物に魂を込めます。その物を活かすために長年努力を重ね、一所懸命に修行を続けながら、結果的に世界に真似のできない逸品を仕上げていくわけです。

職人が心を込めてつくった物を大切に使うことによって、その物は長持ちするし、使う人も気持ちのよい時間が過ごせます。

反対に、物を活かす準備ができてないときや自信がないときは、まだそれを手に入れる時期ではないということです。

常日頃からそのように物を活かしていれば、いつの間にか人を活かすことにつながっていくでしょう。

人を見たら神様と思え

〈活人術　その六　人を見たら神様と思う〉

物の次は人です。

人を活かすための心がけ、それは「人を見たら神様と思う」ことです。

今、目の前にいる人でも、そこらを歩いている人でもよいので、あらゆる人を神様だと思って接する、そう思えれば、どんな人であっても自然に大事にできるでしょう。

どんな相手に対しても、神様に触れるように丁寧に接していければ、あらゆる人を活かし、自分をも活かせるようになれるのです。

なぜなら、神様は人と人の間にいるからです。つまり素領域と素領域の間に神様がいて、神様を介して相手と接しているのです。

いわば、本来は神様という「透明なメガネ」越しに相手を見ているわけで、自分勝手な「色メガネ」を外して神様目線で相手を見ていれば、その人は神様の姿に見えるはずです。

あるとき、ある人が、天使のように見えたり、悪魔のように見えたりするのは、それは人の間にいる神様がそのように取りはからっているからです。

ですから、人を神様だと思い、主だと思い、大切に扱うことによって、悪い結果は起きず、むしろすばらしい結果が生まれます。

〈活人術　その七　人に寄りそう〉

人を活かすには、「人に寄りそう」こともとても大事です。

人に寄りそうとは、まず相手に関心を抱くことです。

私たちは普段人を見ているつもりでも、実はよく見てはいません。

脳科学的に見ても、通常は網膜に映った映像の30％程度しか取り込んでおらず、自我意識は過去のデータに照らし合わせて自分の都合のいいように判断している、つまり、とてもアバウトに捉えていて、相手のことを正確に理解しているわけではないのです。

関心を抱くというのは、全身全霊を注いで注目するということです。

全身全霊でその人に関心を寄せて、自分の五感、六感を使ってその人のことを受けとめる。そうでなければ本当に関心を向けたことにはなりません。

つまり、全身全霊を傾けて相手を見るということは、まさに一期一会、今この瞬間が今生の別れだと思って接することなのです。

そうすると、相手は変わります。そして自分自身も変わっていきます。

なぜなら、関心を持つことが愛だからです。

マザー・テレサは、「愛の反対は憎しみではなく無関心です」といわれましたが、全身全霊で関心を持つことが愛なのです。

相手のことをそのように関心を持って見る習慣ができれば、自分自身に対してもそのような見方ができるようになります。

全身全霊で相手に関心を持ち、自分の内面にも関心を向ける習慣ができると、新たな気づきや発見が生まれ、他人の評価に関わりなく自己肯定感が高まって、魂の成長にもつながります。

そしてそれが、次の上級の技に発展していきます。なぜなら、上級の活人術とは、「汝の隣人を愛せよ」、そして「汝の敵を愛せよ」だからです。

このように、活人術の上級はすべて愛です。

感謝し、寄りそい、相手に強い関心を持つことが日常的にできるようになると、愛が使えるようになります。

関心を寄せるということは、愛の一つの形態で、関心を寄せればそこに愛が生まれ、愛の働きが生じます。

もちろん、その愛は、性差や年齢、立場や人種、異種間等々、この世のあらゆる違いを超えて働く最も強力なエネルギーです。

そのような愛となるように、まず全身全霊で相手に関心を持ちましょう。そうすれば、同時に愛することがいかに大変か、愛の生け贄となるために自分が乗り越えなくてはならない課題も見えてくるようになります。

愛し、愛されていると思い込むことで人は変われる！

〈活人術・その八　「愛する」こと〉

〈活人術・その九　「愛されていると思い込む」こと〉

愛することと、愛そうとすることは違います。

私たちが普通「人を愛する」というときは、実際には愛そうと努力しているだけです。愛そうと思っているだけで、まだ愛してはいない、ここが大きな落とし穴です。

マザー・テレサには、愛そうとする努力などは微塵もありませんでした。たとえば、病人の身体にウジが湧いているのを見たら、何事もなかったように素手でそのウジを取り除く。そのような行いがごく自然にできたのです。

彼女の愛は、どんなに目を覆いたくなるようなことにも関心を寄せ続ける深い愛です。

暗殺されたキング牧師も、なぜアメリカで黒人解放が進まないのかと問われたとき、「最も足を引っ張っているのは、全米にはびこっている無関心です」と、マザーと同じことをいっています。

このように、愛は関心を持って相手に接し続けることによって育まれていくのでしょう。

「愛されていると思い込む」というのは、人生の中でどんな苦難に遭ってもぶれずに愛の生け贄として生ききるための秘訣です。

人は誰かに大切にされたり、注目されているうちは他人にも関心を向けたり、寛容でいられますが、人から注目されることも評価されることもなくなったり、誰にも助けてもらえない孤独な状況に置かれたときこそ、愛が問われます。

活人術を指南してくださった隠遁者様は、朝から寝るまで感謝と懺悔《ざんげ》を毎日、それを60年以上も続けられた方です。

しかも、彼が人里離れた場所でそんなことをしていることは誰も知りません。

そのように、人知れず愛し続けるという行為は、最も効果的です。

隠遁者様は、その隠遁生活を始めるときに修道院長からこう助言をもらったそうです。

「あなたは世界中のすべての人から愛されているのですよ。だから隠遁修道士になれるのです。これを忘れないで隠遁生活を送ってください」と。

イエス・キリストやお釈迦様も荒野で一人で悪魔と闘いました。そんなときはどんな忠告も技術も役に立ちません。

けれど、世界中のすべての人から愛されている、神様に愛されている、そう思うことで悪魔の囁きは消え去るのです。

つまり、「自分は愛されている」とひたすら思い込む、愛されていると思うことで人は変われるし、最も底力が湧いてくるのです。

なぜなら、私たちは誰もが神様（完全調和の世界）から分かれた魂そのもので、素領域の外側にある愛そのものに常に包まれていて、その見えない法則を知ることができるからです。

愛から在るがままへ

〈活人術　その十　愛から「在るがままへ」〉

「愛される」という言葉は、「愛する」という言葉よりも上等です。また、「愛する」ということは、「愛されている」ということとセットになったとき、より強く働きます。

なぜなら、愛されているという確信がある人ほど、より人を愛することができるからです。

愛されていないけれど、愛そうとするのはなかなか難しいことです。

神や仏など大いなる存在から愛されていると思える人は、他者を愛することもやさしいわけですが、本当に愛されているかどうかは誰にもわかりません。

でも肝心なのは、愛されていると思い込む、信じることで、それが活人術の上級の技です。

現に、隠遁者様は修道院長からいわれたとおりに「すべての人から愛されている」と信じていたからこそ、数々の奇跡を成し遂げられたのです。

しかし、活人術にはさらにその上があります。

「愛し、愛されている」と思うことは、実はまだ準備段階、努力の段階にすぎません。努力している間は、まだ愛し、愛されていることにはなりません。本当に愛し、愛されるのは、それがいつの間にか「在るがまま」になったときです。

在るがままとは、頭であれこれ考えて行うのではなく、身体が自然にそのようにふるまう状態です。

イエス・キリストが愛の道を広めるために各村を転々としていたときに、娼婦の館の前で男たちが列をなして並んでいました。

イエス様は、その列の最後に並び、黙って座ったまま順番を待っていました。やがて自分の番がやってくると、再び最後尾について並び直し、それを一晩中くり返しました。

いったいなぜそんなことをしたのか?

その場にキリストがいる、男たちの列の中に座っている、ただそれだけで愛なのです。咎めるわけでもなく、説教をするわけでもなく、ただその場に一緒にいる、みんなと時空を共有しているだけで、その場にいる全員がキリストから愛されていたのです。

ただ在る、

ただただ在るのが愛です。

在ること自体が愛なのです。

なぜ自殺がいけないのか、なぜ人を殺してはいけないのか、それは「在る」ということに反するからです。この地球上で生きていることが愛だからです。その愛を止めるということは、愛を消してしまうことになります。

愛を消すのはなぜいけないのか、それは愛は宇宙のすべての営みを司る法則であり、愛がすべてだからです。

在るがままというのは、存在していること自体が愛だということを物語っていて、観念や努力から離れた魂の輝きです。

そう、在るがままの愛とは、佇《たたず》まいであり、その場に佇んでいるだけで魂の輝きを放ち、黙っていても周囲に温かい愛の光を届けているのです。

この「愛し、愛され、在るがまま」を知ったら、それまでの活人術のことはもう忘れても大丈夫です。

ただ「愛し、愛され、在るがまま」というトリプルAだけを心の隅に置いておくことで、あなたは人と人の間にいる神様に目がいって、いつの間にか人自体が神様だと気づくでしょう。

なんとなくでもそんな気がしてきたら、しめたものです。そうなると、人の間の神様の存在感のほうがだんだんと強くなり、そのうち人だと思っていた人がみんな神様だという真実に気づくようになります。

そのことであなたの動きは活人術にかなった動きになり、頭で考えなくても、自然に手を合わせたり、声をかけたり、全身全霊で寄りそっているはずです。

人だけでなく、物や動物や自然に寄りそっていると、いつの間にか在るがままでいる自分に気づいて、そのとき人間も、木も、イヌも、山も同じ存在であることがわかるでしょう。

魂が解放され、自分を意識している思考の存在から本来の魂の存在に戻っているのです。

それが人を活かす活人術であり、愛の生け贄となる道です。

補筆

愛の生け贄となることで
霊性が開花し、人生に
思いがけない幸運がもたらされる

我欲による「引き寄せ」とはまったく次元が異なる魂本位の「愛への奉仕」

ここで、「愛の生け贄として生きることで、人生にどんな可能性が開けるのか？」について、少しだけ補足をしておきます。

まず、前述したように、「愛の生け贄」というのはキリスト教的な表現であり、これをわかりやすくいい換えれば「愛への奉仕」ともいえます。

この場合の「愛」とは、もうおわかりかと思いますが、僕の専門である形而上学的素領域理論でいうところの宇宙や自然の背後にある普遍的な法則のことで、完全調和の世界、すなわち神の正体そのものです。

ということは、つまり、この世のものではなく、完全調和の世界の側に対する奉仕、すなわち神様にすべて委ねることが、愛の生け贄として生きることに繋がります。

では、神様にすべて委ねるとどうなるのか？

スピリチュアルな分野で注目されている「引き寄せ」を例にあげて説明しましょう。

巷を賑わせている一般的な引き寄せは、「あれがほしい」「これが足りないからこれを引き寄せたい」という自分の欲求に基づいて何かを得ようとする行為です。

確かに、「絶対そうなる」という思い込みや、「すでにかなった」というイメージが強ければ強いほど、願いがかないやすくなるのは事実です。

しかし、「○○が欲しい」「○○がないと困る」という我欲は、結果的に、一つのものを誰かと奪いあうようなことにもなりかねません。

例えば、高級車が一台だけ売り出され、それは破格の値段だけれども一人だけしか手に入れられないとして、仮にAさん、Bさん、Cさん三人がそれを欲しいと強く思ったとしても、そのうちの誰か一人しか手に入れることはできません。

もちろん、車でなくても、ブランドもののバッグ、あるいは高収入のイケメン彼氏でも何であっても同じことです。

そこで自分が欲しいものを引き寄せようと、いろんな方法を駆使して念じた場合、同じものを欲しがっている人と念（欲）と念（欲）のぶつかりあいが起きるでしょう。

現代人に争いが絶えないのは、まさにこの我欲と我欲のぶつかりあいに起因していて、それゆえ、相手を打ち負かすための論理や力による優勝劣敗が当たり前のようになってしまっているからでしょう。

つまり、我欲による引き寄せは、結局のところ、力対力の関係になりやすいということです。

そこで、「自分は○○が欲しい」という我欲や、「かくあるべき」といった自己本位の思い込みから、「完全調和の神様に委ねる」「すべて間に任せる」という心情に切り替えたらどうなるか？

それを形而上学的素領域理論に基づいて説明すると、こうなります。

まず、完全調和の世界、すなわち神様からの働きかけによって、自分自身や自分を取り巻く素領域（物質や生命のひな型）にエネルギーが与えられ、その結果、身体の機能が変化して、全体が調和や秩序へと促される方向に変化します。

これは、主体が、肉体を持つこの世側の「自分（自我）」から、自分の本質である「霊魂」というあの世の側、つまり完全調和の世界の側に移行することで起きる、物理的な法則です。

よく、絶望的な状況に陥った人が、自らの運命を「天に任せる」ことによって、結果的に難を逃れたり、奇跡的な変化を遂げるのはそのためで、完全調和の側の魂スイッチが100％オンになるからなのです。

愛の生け贄、愛に奉仕をするというのは、それを日頃から自ら進んで行うことであり、昔から「お天道様がすべて見ている」と感じていた日本人は、それが無理なく行えるのです。

これはある意味、歴史に名が残る、残らないとは関係なく、愛のためには死をも厭わない小さな英雄として生きることでもあります。

魂本位で愛のために生きることができれば、

例えば、病気が改善したり、

その人にとって本当に必要なものが必要なだけ与えられたり、

思わぬ形で、大事な人・モノ・情報と出会って事態が好転したり、

自分では想像もしなかった考えがふっと浮かんだり、

通常では考えられない能力が突如として発揮されたり、

自分と出会った人に幸運が舞い込んできたり、

周囲の人たちにとっても喜ばしい出来事が次々に起きたりします。

そして、この愛に生きる魂の英雄たることが、さまざまな奇跡を起こす仕組みでもあります。

完全調和の神様からの働きかけによって物質や生命のひな型が変わり、人生が好転する

なぜそのようなことが起きるかというと、完全調和の神様の世界はすべての素領域を内包し、すべての素領域と繋がっているので、完全調和の側からの作用次第で、私たちの身体や生活空間を構成している素領域そのものが変わっていくからです。

ただし、私たち自身が素領域の中にいるので、私たちが意図的に素領域の外側、つまり完全調和の領域を動かすことはできません。

それが可能なのは、私たちの心情が完全調和の世界と響きあったときだけです。

そう、それこそが、愛への奉仕、愛の生け贄となることによる、まったく想定外の嬉しい変化なのです。

僕は、これまでそれを「空間を味方につける」「(世界を) 神様の覗き穴から見る」などと表現してきましたが、この神様への全託によって、結果として奇跡的な現象が起きたり、個人的な思惑を超えた「万事よし！」の結果がもたらされる——これが自我の引き寄せをはるかに超える、量子エネルギーによる愛の効果なのです。

なぜなら、神様への全託は常にあらゆる可能性を内包していて、自分本位の狭い考えや執着で選択肢を限定することもないので、自由度は無限大だからです。そしてそれは、間《ま》愛《あい》に対する絶対的な信頼でもあって、それゆえ、霊性開花が促されるのです。

これこそ、古くから日本人が大事にしてきた「美しい自然体の生き方」に他なりません。本文でも述べたように、世界的数学者の岡潔《おかきよし》先生はそれを「情」と述べられましたが、愛の心情で生きることそのこと自体が、完全調和の神様が私たちの周囲の素領域を最適な状態に整えてくれるのです。

その意味では、「愛の生け贄は魂の最適化を促す」ともいえるかもしれません。

しかもそれは一個人に留まることなく、全体にとっても最適な状態をもたらしてくれて、本書でもその一例をご紹介したように、これまでの僕の人生をふり返っても、そのような奇跡的な現象が何度も起きています。

ようするに、自分の我欲や願望よりも、目の前にいる人、出会った人の幸せを願い、神様にお任せすることによって霊性開花が促されるとともに、現実面においても未知の量子効果（ポテンシャル）が生まれるということです。

岡先生が述べた情とは、人の心の悲しみを自分の身体の痛みのごとく感じる心であり、

「人は情緒を形に現して生きていて、その情緒が形に現れるとき、喜びを感じ、それが生きがいである」とも語っています。

これはまさに、情＝愛であり、「人は愛の生け贄となるとき、魂の喜びを感じ、とりわけ、人との繋がりを大事にする日本人にとってはそれこそが生きがいである」といい換えることができるでしょう。

それゆえ、被曝をしても、経済的に大打撃を被っても、甚大な自然災害に遭っても、自分が死ぬ目に遭っても、他のために身を捧げられる——そのような民族は他に類を見ないし、すべての災難をわが事のように捉えられる心情こそ、神様と響きあう無私の愛であり、祈りに他なりません。

『国家の品格』などの著書で知られる数学者、藤原正彦氏は、「グローバリズムが弱者を追い込んでいる中、日本人の自然や弱者への共感、もののあわれが世界を救う——といった岡先生の予言、祈りが夢物語ではなく、現実味を帯びている」と述べています。

だとしたら、その目には見えない愛そのものに奉仕をする、すなわち愛の生け贄になることで、今後も訪れるであろう自然災害や試練、混沌とした政治状況や諸外国からの軍事的圧力、経済的危機などに対しても、動揺することなくそのつど適切に対処し、困難な状況を必ずや乗り越えていけるはずです。

愛に奉仕をする、愛の生け贄となることで、あなたの中の霊性が開花しはじめます。

霊性が開花すると、あなたの現実生活、あなたの人生に思いがけない幸運が次々に訪れることでしょう。

そしてまた、あなたと繋がっているあなたの周囲の人たちの愛が、霊性が、さらに大きく開き始めるに違いありません。

神様はすべてお見通しです。

すべての存在は、神様から分かれた分霊《わけみたま》であり、

あなたは、この日本という国、令和の時代を選んで降りてきた英雄になり得る魂です。

私たちの先達たち、名もなき英雄たちみながそうであったように。

どうか、あなたも、あなたの背後にいる神様にすべてを委ね、愛の生け贄となられますように‼

おわりに

昨年5月の皇位継承に伴って、新たに即位された天皇陛下が即位を内外に宣言される「即位礼正殿の儀」が去る10月22日、皇居・宮殿で行われました。

儀式には秋篠宮ご夫妻をはじめ、11人の皇族方が参列されたほか、外国の元首や王族、それに内閣総理大臣など三権の長や各界の代表など、およそ2000人が参列。前日の夜から激しく降り続く雨のため、中庭に整列する予定だった古式ゆかしい装束の職員は人数を減らして屋内に配置されました。

天皇陛下は、平安時代から儀式での天皇の装束とされる「黄櫨染御袍《こうろぜんのごほう》」に身を包んで「松の間」に入り、正面中央に置かれた「高御座」の台座に登られ、続いて十二単を着た皇后陛下が「御帳台」に登られて、その後、天皇陛下が即位を内外に宣言するお言葉を述べられました。

この儀式が始まる直前、それまで激しく降っていた雨が上がり、くっきりとした大きく美しい虹が東京全体を包むかのように空にかかり、多くの人々の心に光を与えました。

陛下が述べられた即位礼正殿の儀のお言葉は、次のようなものでした。

さきに、日本国憲法及び皇室典範特例法の定めるところにより皇位を継承いたしました。ここに「即位礼正殿の儀」を行い、即位を内外に宣明いたします。

上皇陛下が三十年以上にわたる御在位の間、常に国民の幸せと世界の平和を願われ、いかなる時も国民と苦楽を共にされながら、その御心を御自身のお姿でお示しになってきたことに、改めて深く思いを致し、ここに、国民の幸せと世界の平和を常に願い、国民に寄り添いながら、憲法にのっとり、日本国及び日本国民統合の象徴としてのつとめを果たすことを誓います。

国民の叡智とたゆみない努力によって、我が国が一層の発展を遂げ、国際社会の友好と平和、人類の福祉と繁栄に寄与することを切に希望いたします。

この中には、「国民」という言葉が6回も出てきます。

日本的霊性の大黒柱ともいえる天皇陛下は、おそらく、この国民という言葉にひときわ思いを込められたに違いなく、そこには「これからも愛の生け贄としての民であらんことを」という祈りが込められているように僕には感じられました。

なぜなら、日本及び日本人が、愛の生け贄としての霊的役割を果たしていくことが、国民の幸せと世界の平和に繋がることは疑いようのないことだからです。

＊

最後になりましたが、愛の生け贄としての日本の霊性についてご教示くださった隠遁者様ことエスタニスラウ・マリア・ヨパルト神父に、改めて、心より深く感謝申し上げます。神父は本書校了の直前、以前に品川駅近くのホテルのロビーで霊媒体質の女性に降りてきてくださったように、同じ女性をわざわざスペインのモンセラート修道院に呼び出してまで再びこの僕にお言葉を投げかけてくださいました。それは、本文で詳しく述べさせていただいた奇跡的な出来事の連鎖だけでなく、他の多くの著書でもカミングアウトしてきた不思議な事象の数々を含め、すべては神の御意志に従ってエスタニスラウ神父が神謀りとしてこの世に生み出したものだということ。そして、まさにこれからがその総仕上げの時期に入っていく実り多き世となるとも教えていただけました。

それだけでは、ありません。霊媒体質の女性からの事前連絡で本文でも紹介しました安倍晴明の魂を持つ少年も同席するようにとのことだったため、あの世の側からのエスタニスラウ神父と安倍晴明による丁寧な指導を受ける形で、この世界の背後にある物理法則としての存在である神の存在を適切に認識することができたのです。その詳細については、本書での紹介には間に合わなかったのですが、幸いにも本年2月28日出版予定の拙著次作『僕は一生をかけて「神」を見つけたのかもしれない』（海鳴社）において「校正時追記」として時を経ずにお伝えすることが可能になりました。乞う御期待！

また、本書の出版にあたってご尽力を賜りました、青林堂の蟹江幹彦社長様、編集担当の上原隆男様と小笠原英晃様に厚く御礼申し上げます。

令和2年　1月4日　著者記す

保江邦夫（やすえくにお）

理学博士。岡山市で陰陽師の家系に生まれる。東北大学で天文学を、京都大学大学院、名古屋大学大学院で理論物理学を学ぶ。その後、ジュネーブ大学理論物理学科で講師、東芝総合研究所研究員を経て、1982年よりノートルダム清心女子大学教授、2017年より同名誉教授。さらにキリスト伝来の活人術である冠光寺眞法を主宰、各地の道場にて指導にあたる。著書に、『人生に愛と奇跡をもたらす神様の覗き穴』『願いをかなえる「縄文ゲート」の開き方』（ビオマガジン）、『ついに、愛の宇宙方程式が解けました』（徳間書店）、『祈りが護る国 アラヒトガミの霊力をふたたび』（明窓出版）『せめて死を理解してから死ね！ 孤独死のススメ』（ヴォイス）『神代到来』（海鳴社）他多数。公式ホームページは星辰館 https://yasuekunio.com

僕が神様に愛されることを厭わなくなったワケ

令和2年1月22日　初　版　発　行
令和6年3月20日　第　3　刷　発　行

著者　保江邦夫
発行人　蟹江幹彦
発行所　株式会社　青林堂
〒150-0002　東京都渋谷区渋谷3-7-6
電話　03-5468-7769
装幀　TSTJ Inc.
印刷所　中央精版印刷株式会社

Printed in Japan

ISBN 978-4-7926-0667-1